Friederike Hehn

Homöopathisches Kochbuch

Eine gedrängte und zugleich gründliche Anweisung zur Vereinbarung

unsrer gewohnten Küche mit den Erfordernissen der Homöopathie

Friederike Hehn

Homöopathisches Kochbuch

Eine gedrängte und zugleich gründliche Anweisung zur Vereinbarung unsrer gewohnten Küche mit den Erfordernissen der Homöopathie

ISBN/EAN: 9783944350110

Auflage: 1

Erscheinungsjahr: 2013

Erscheinungsort: Bremen, Deutschland

Homöopathisches Kochbuch.

Eine

gedrängte und zugleich gründliche

Anweisung

zur Vereinbarung unsrer gewohnten Küche mit
den Erfordernissen der Homöopathie;

von

Friederike Hehn,
geb. Ritter.

Mit

einem Vorworte

vom

Medizinalrath Dr. Stüler in Berlin.

Berlin, 1834.
Verlag der Buchhandlung von C. Fr. Amelang.
(Brüderstraße Nr. 11.)

Vorrede.

Wie viel zur Erhaltung der Gesundheit auf die Wahl und Zubereitung unsrer Nahrungsmittel ankomme, hat wohl schon Jeder erfahren, welcher, von der Einfachheit einer naturgemäßen Lebensweise abweichend, sich zu den erkünstelten und aus den heterogensten Bestandtheilen zusammengesetzten Genüssen wendete, welche die raffinirten Producte der cultivirten Küche darbieten. Aerzte aller Zeiten und das physische Wohl der Jugend berücksichtigende Erzieher haben es daher für nöthig erachtet, besondre diätetische Vorschriften in dieser Beziehung zu ertheilen, welche, in Uebereinstimmung mit den herrschenden ärztlichen Theorien, oft eben so verschiedenartig, ja widersprechend lauten, wie diese. Ein allgemein giltiges Gesetz hier aufzustellen ist allerdings um so schwieriger, je mannichfacher die Bedürfnisse sind, welche die Besonderheit der physischen Neigungen, der Lebensweise, der Temperatur- und Witterungseinflüsse und der daraus hervorgehenden Gewohnheiten mit sich bringt. Viele diätetische Vorschriften erhalten hiernach nur eine relative Gesetzesbedeutung. Da jedoch die Diätetik im Allgemeinen nur den Zweck haben kann, alle bedeutendern Störungen des Gleichgewichtes im Organismus so viel als möglich zu verhüten (denn Gesundheit beruht nur auf Erhaltung dieses Gleichgewichtes in seiner Entwicklung) — so kann auch das allgemeine Prinzip der Diätetik keine besondre Rücksicht auf jenes Austreten aus den Grenzen der naturgemäßen Lebensweise nehmen, wodurch die oben angegebenen Bedingungen der Gesundheit an und für sich schon aufgehoben werden. Dergleichen Abschweifungen zu verhüten, liegt in der Regel dem ärztlichen Wirkungskreise zu fern, während die Erziehung hauptsächlich hier ihren wohlthätigen Einfluß zu bewähren hat.

Der einzige richtige und sichere Grundsatz, wovon demnach jene besondern Vorschriften der ärztlichen Diätetik ausgehen können, würde sich in dem Gesetz aussprechen: Bei den Arten der Nahrungsmittel und ihrer Zubereitung Alles zu vermeiden, was jenes Gleichgewicht — die Gesundheit — stört. Stören aber kann dasselbe nur, was einseitige Bestrebungen im Organismus, besondre, nicht zur Erhaltung und Ernährung nothwendige Thätigkeiten, und folglich fremdartige Reizungen hervorruft. Auf mögliche Vermeidung dieser ihrer eigentlichen Bedeutung nach arzeneilichen Einmischungen in Speisen und Getränken, auf Reinerhaltung des eigentlichen Nahrungsmittels als solchen, und sonach auf Wiederherstellung einer möglichst naturgemäßen Lebensweise zielen vor Allem namentlich auch die von dem Stifter der Homöopathie gegebenen Vorschriften hin. Die strenge Beobachtung derselben ist aber für Kranke, die sich einer homöopathischen Kur unterwerfen, um so unerläßlicher, da dergleichen arzeneiliche Einflüsse, wie sie das Gleichgewicht im gesunden Zustande aufheben, auch nothwendig die ursprüngliche Einfachheit jeder Krankheit aus den Heilbestrebungen im Organismus, folglich auch die Wirkungen der Arzeneimittel, welche diese Bestrebungen unterstützen sollen, stören müssen.

Die Beobachtung dieser Vorschriften ist also nicht nur unerläßliches Erforderniß zur Einleitung und Durchführung einer homöopathischen Kur, sondern im Allgemeinen auch allen Gesunden zu empfehlen, es müßte denn eine oft unvermeidliche Abnormität in der Lebensweise ihnen gewisse naturwidrige Genüsse zu einem Bedürfnisse gemacht haben, dessen sie sich nicht ohne bedeutende Nachtheile für ihre Gesundheit plötzlich entäußern können.

Ganz besonders aber ist Müttern und Pflegerinnen zu empfehlen, sich bei Ernährung von Kindern nach diesen Vorschriften zu richten, weil sie durch Vermeidung fremdartiger Reizungen so manchen einseitigen und übereilten Entwickelungen, einer übergroßen Erregbarkeit und Empfänglichkeit und sonach auch einer Reihe von Krankheiten vorbeugen können, welche eben darin ihren Grund haben.

Eine Anleitung zu schmackhafter und kräftiger Zubereitung reiner Nahrungsmittel in mannichfacher Auswahl geben nachstehende Koch-Vorschriften, welche um so mehr Empfehlung verdienen, da die bisher in diesem Sinne und zu diesem Zwecke abgefaßten Kochbücher sich von oben erwähnten verbotenen Einmischungen nicht hinlänglich rein erhalten haben.

Die durch frühere Schriften schon bekannte Verfasserin hat sich, wie dieß von einer so erfahrnen Köchin zu erwarten steht, und wie Kenner versichern, bestrebt, dem oft gehörten Vorwurfe, als ob die homöopathische Lebensweise sich auf gar zu wenige Genüsse beschränken müsse, durch eine große Mannichfaltigkeit der Gerichte zu begegnen, zu deren Bereitung sich die Künste der süddeutschen Küche mit der von Norddeutschland vereinigen. Und somit, denke ich, wird sie mit diesem Kochbuche dem Publikum eine willkommene Gabe darreichen.

Das Verzeichniß der Nahrungsmittel, deren Gebrauch bei einer homöopathischen Diät untersagt oder nur bedingungsweise erlaubt ist, wird dem Buche selbst vorangehen.

Berlin, den 15ten August 1833.

Dr. Stüler,
Medizinalrath.

Inhalts=Verzeichniß.

	Seite
Erlaubte Genüsse	1
Fleischarten	—
Gemüse	—
Reifes Obst	2
Getränke	—
Verbotene Genüsse	4
Fleischarten	—
Gewürzhafte Kräuter, Saamen und Wurzeln	—
Eigentliche Gewürze	—
Getränke	5

Erster Abschnitt.

Von der Zubereitung verschiedener Suppen.

1. Bouillon zu allen Suppen	7
2. Suppe mit Graupen	8
3. Suppe mit Reiß	—
4. Suppe mit Mehlgräupchen	9
5. Suppe mit Gries	—
6. Suppe mit Nudeln	10

	Seite
7. Suppe mit Hühnern	10
8. Kraftsuppe	11
9. Suppe von Lerchen	12
10. Suppe von Kälbermilch	13
11. Suppe mit eingelaufenen Gliedern	—
12. Suppe von Eiergerste	—
13. Suppe mit Plinzen	14
14. Suppe mit Semmelklößchen	—
15. Suppe mit Schwemmklößchen	15
16. Suppe mit Fleischklößchen	—
17. Suppe mit Fischklößchen	16
18. Suppe mit Griesklößchen	—
19. Suppe mit abgestochenen Eiern	17
20. Suppe von klarem Bouillon	—
21. Suppe mit Kartoffelklößchen	—
22. Suppe mit Butterklößchen	18
23. Suppe von Hafergrütze	—
24. Suppe von Weißbier	19
25. Suppe von Reißgries	—
26. Suppe von Weißbier mit Sago	—
27. Suppe von Weißbier mit Eiern	20
28. Milchsuppe mit Klößchen	—
29. Milchsuppe mit Plinzen	21
30. Milchsuppe mit Schneeklößchen	—
31. Suppe von Borsdorfer Aepfeln	—
32. Suppe von Kirschen	22
33. Suppe von Pflaumen	—
34. Suppe von Aprikosen	23

Zweiter Abschnitt.
Von der Zubereitung der Saucen.

		Seite
35. Weiße Sardellensauce	. . . .	24
36. Braune Sardellensauce	. . . .	25
37. Holländische Sauce	. . . .	—
38. Frikasseesauce	. . . .	—
39. Morchelnsauce	. . . .	26
40. Sahnensauce	. . . .	—
41. Milchsauce	. . . .	27
42. Rosinensauce	. . . .	—
43. Gurkensauce	. . . .	—
44. Kirschsauce	. . . .	28
45. Himbeersauce	. . . .	—
46. Aepfelsauce	. . . .	29
47. Hagebuttensauce	. . . .	—

Dritter Abschnitt.
Von der Zubereitung des Fleisches.

		Seite
48. Rindfleisch zu kochen	. . . .	30
49. Schmorfleisch	. . . .	31
50. Rinderbraten	. . . .	—
51. Rindfleisch zu grilliren	. . . .	32
52. Rindfleisch mit einer Kruste	. . . .	—
53. Filet	. . . .	33
54. Beefsteaks	. . . .	—
55. Klobs	. . . .	34
56. Ochsenzungen	. . . .	—
57. Geschmorte Kalbskeule	. . . .	35

		Seite
58.	Geschmorte Kalbskeule auf eine andere Art	35
59.	Frikassee von Kalbfleisch	36
60.	Kalbfleisch mit kleinen Rosinen	37
61.	Kalbskoteletten	—
62.	Fricandeaux	38
63.	Fricandeaux auf eine andere Art	39
64.	Hachee	—
65.	Croquets von Kälbermilch	—

Vierter Abschnitt.
Von der Zubereitung der Fische.

66.	Zander	41
67.	Schüssel-Hecht	42
68.	Gebratener Hecht	43
69.	Frikassee von Hechten	—
70.	Bouletten von Fischen	44
71.	Karpfen mit Bier	45
72.	Gebratener Karpfen	—
73.	Schleihe	46

Fünfter Abschnitt.
Von der Zubereitung verschiedener Gemüse.

74.	Spargel	48
75.	Spargel mit Mohrrüben	49
76.	Spargel mit Kalbfleisch	—
77.	Spargel mit einem bairischen Eierplatz	50
78.	Spinat	51
79.	Spinat auf eine andere Art bereitet	52

		Seite
80. Mohrrüben	. . . . .	52
81. Mohrrüben mit Schoten	. . .	53
82. Schoten	. . . . .	—
83. Schneidebohnen	. . .	54
84. Schneidebohnen mit Milch	. .	—
85. Brechbohnen	. . . .	55
86. Kohlrabi	. . . . .	—
87. Gefüllte Kohlrabi	. . .	56
88. Artischocken mit Kälbermilch gefüllt	.	57
89. Blumenkohl	. . . .	58
90. Blumenkohl mit jungen Tauben	.	—
91. Weißkohl	. . . .	59
92. Gefüllter Kohlkopf	. . .	60
93. Gefüllter Kopfsalat	. . .	61
94. Gefüllte Gurken	. . .	62
95. Gurken auf eine andere Art	. .	63
96. Wirsigkohl	. . . .	64
97. Wirsigkohl auf eine andere Art	.	—
98. Weiße Rüben	. . .	—
99. Weiße Rüben mit Hecht	. .	65
100. Rother Kohl mit Pflaumen	.	—
101. Sauerkohl	. . . .	66
102. Grünkohl	. . . .	—
103. Kleine Kartoffeln mit Hering	.	67

Sechster Abschnitt.

Von der Zubereitung verschiedener Puddings und Mehlspeisen.

104. Semmel = Pudding	. . .	68

		Seite
105. Brot = Pudding	. . . . .	69
106. Schwemm = Pudding	. . . .	—
107. Pudding von Reißmehl	. . . .	70
108. Rosinen = Pudding	. . . .	71
109. Pudding von Sago	. . . .	—
110. Fisch = Pudding	. . . .	72
111. Gebackener Pudding	. . . .	—
112. Gebackener Reiß	. . . .	73
113. Reiß mit Aepfeln	. . . .	74
114. Reiß mit Aepfeln auf eine andere Art	.	—
115. Milchreiß	. . . . .	75
116. Reiß mit Parmesankäse	. . .	—
117. Maccaroni	. . . .	76
118. Gebackene Nudeln	. . . .	—
119. Gebackener Gries	. . . .	77
120. Rosinenspeise	. . . .	—
121. Mandelspeise	. . . .	78
122. Chocolatenspeise	. . . .	—
123. Erdbeerenspeise	. . . .	79
124. Himbeerenspeise	. . . .	—
125. Kirschenspeise	. . . .	80
126. Aprikosenspeise	. . . .	—
127. Pfirsichspeise	. . . .	81
128. Weintraubenspeise	. . . .	—
129. Quittenspeise	. . . .	82
130. Hagebuttenspeise	. . . .	—
131. Pflaumenspeise	. . . .	83
132. Aepfelspeise	. . . .	—
133. Aepfelspeise auf eine andere Art	. .	84
134. Aepfelmuß = Gebäck	. . . .	—

		Seite
135. Aepfelspeise mit Plinzen		85
136. Omelette soufflée		86
137. Plinzen mit Sauce		—
138. Mandelschnitte		87
139. Rosinenschnitte		—
140. Gefüllte Milchbrote		88
141. Milchbrote auf eine andere Art		89
142. Abgerührte Milchbrote mit Sauce		90
143. Krauser Eierkuchen		—
144. Eierkuchen		91
145. Eierkuchen auf eine andere Art		—
146. Eierkuchen mit Wasser		—
147. Schmarn		92
148. Schmarn auf eine andere Art		—
149. Semmelschmarn		93
150. Dampfnudeln		—
151. Bärmemehlspeise		94
152. Bärmekloß		95
153. Gebackener Bärmekloß		96
154. Kleine Bärmklöße		97
155. Semmelklöße		—
156. Semmelklöße auf eine andere Art		98
157. Klöße in der Serviette		99
158. Noch eine Art Klöße		—
159. Topfklöße		100
160. Gebrühte Klöße		—
161. Bairische Griesklöße		101
162. Kartoffelklöße		102
163. Kartoffelspeise		—
164. Kartoffelspeise mit Hering		103

Seite

165. Spiegeleier mit Hering 103
166. Eier in Sauce 104

Siebenter Abschnitt.
Von der Zubereitung der Pasteten.

167. Feiner Blätterteig 105
168. Blätterteig auf eine andere Art . . 106
169. Blätterteig mit Sahne . . . . —
170. Butterteig mit Bärme . . „ . . 107
171. Gebrannter Teig . . . . . —
172. Wasserteig auf eine andere Art . . —
173. Süßer Teig zu Torten 108
174. Süßer Teig zu Torten auf eine andere Art —
175. Süßer Teig zu Torten auf eine dritte Art —
176. Pastete von Hühnern 109
177. Pastete von Tauben . . . . —
178. Pastete von Tauben auf eine andere Art . 110
179. Pastete von Kalbfleisch . . . —
180. Pastete von Hasen . . : . . 111
181. Pastete von Wildpret 113
182. Pastete von Repphühnern . . . 114
183. Pastete von Schnepfen . . . . —
184. Pastete von Hechten 115
185. Pastete von Karpfen 116
186. Pastete von Bärmeteig 117
187. Kleine Farcepasteten . . . . —

Achter Abschnitt.
Von der Zubereitung der Braten.

		Seite
188.	Kälberbraten	119
189.	Hammelbraten	120
190.	Hammelbraten mit Gurken	121
191.	Hammelbraten mit Birnen	—
192.	Hirsch = oder Rehziemer	122
193.	Hirsch = oder Rehkeulen	—
194.	Gebratene Repphühner	123
195.	Hasenbraten	—
196.	Hasenbraten auf französische Art	124
197.	Putenbraten	—
198.	Kapaunenbraten	125
199.	Fasanenbraten	—
200.	Gebratene Lerchen	126
201.	Gebratene junge Hühner	—
202.	Gebratene Tauben	127
203.	Tauben wie Repphühner zu braten	—

Neunter Abschnitt.
Von der Zubereitung verschiedener Backwerke.

		Seite
204.	Brottorte	129
205.	Mandeltorte	130
206.	Sandtorte	—
207.	Sandtorte auf eine andere Art	131
208.	Schichttorte	—
209.	Semmeltorte	132

		Seite
210.	Karmeliter Torte	133
211.	Chocolatentorte	—
212.	Biscuittorte	134
213.	Biscuittorte auf eine andere Art	—
214.	Butterbiscuit	—
215.	Mandelbiscuit	135
216.	Aufgestrichene Torte	—
217.	Sahnentorte	136
218.	Sahnentorte auf eine andere Art	137
219.	Cremetorte	—
220.	Masarinen = Torte	138
221.	Aepfeltorte	—
222.	Pflaumentorte	139
223.	Kirschentorte	—
224.	Kirschentorte auf eine andere Art	140
225.	Himbeerentorte	—
226.	Erdbeerentorte	141
227.	Weintraubentorte	—
228.	Aprikosentorte	—
229.	Pfirsichtorte	142
230.	Birnentorte	—
231.	Quittentorte	143
232.	Bärme = oder Hefenteigkuchen	—
233.	Bärme = oder Hefenteigkuchen auf eine andere Art	144
234.	Bärme = oder Hefenteigkuchen auf eine dritte Art	—
235.	Braunschweiger Kuchen	145
236.	Kaffeekuchen	146
237.	Gebrühter Kuchen	—

		Seite
238.	Randkuchen	147
239.	Zweibrücker Kuchen	148
240.	Aepfelkuchen von Bärmeteig	—
241.	Pflaumenkuchen von Bärmeteig	149
242.	Kirschkuchen von Bärmeteig	150
243.	Spritzkuchen	151
244.	Spazierkuchen	—
245.	Hohlkuchen	152
246.	Schneebälle	—
247.	Spiegelkuchen	153
248.	Pfannkuchen	154
249.	Butterstriezel	155
250.	Mandelplätzchen	—
251.	Mandelplätzchen auf eine andere Art	156
252.	Butterprezel	—
253.	Waffeln	—
254.	Waffeln ohne Bärme	157
255.	Coufern	158
256.	Aepfelscheiben	—
257.	Napfkuchen	159
258.	Napfkuchen mit Rosinen	—
259.	Napfkuchen ohne Bärme	160
260.	Bacher Napfkuchen	—
261.	Bacher Napfkuchen auf eine andere Art	—
262.	Zwieback	161
263.	Kleine Theekuchen	—
264.	Kleine Theekuchen auf eine andere Art	162
265.	Semmel zum Reiben	—

Zehnter Abschnitt.

Von der Zubereitung verschiedener Compots, Cremes und Flameris.

		Seite
266.	Aepfel = Compot	164
267.	Aepfelmuß	165
268.	Birnen = Compot	—
269.	Pflaumen = Compot	166
270.	Kirschen = Compot	—
271.	Himbeeren = Compot	—
272.	Erdbeeren = Compot	167
273.	Aprikosen = Compot	—
274.	Pfirsich = Compot	—
275.	Hagebutten mit Rosinen	168
276.	Compot von getrocknetem Obst	—
277.	Quitten = Compot	169
278.	Weintrauben = Compot	—
279.	Melonen = Compot	—
280.	Gurken = Compot	170
281.	Mandel = Creme	—
282.	Sahnen = Creme	171
283.	Chocolaten = Creme	—
284.	Creme mit Pumpernickel	—
285.	Himbeeren = Creme	172
286.	Wein = Creme	—
287.	Flameri von Kartoffelmehl	173
288.	Flameri von Weizenstärke	—
289.	Flameri von Sago	174
290.	Kalte Biscuitspeise	—
291.	Flameri von Himbeeren	175

Elfter Abschnitt.
Von der Zubereitung einiger Getränke.

		Seite
292. Kaffee von Cacao	. . . .	176
293. Kaffee von Roggen	. . . .	177
294. Chocolate mit Milch	. . . .	—
295. Chocolate mit Wasser	. . . .	—
296. Chocolate mit Wein	. . . .	178
297. Contang	. . . .	—
298. Eiermilch	. . . .	—
299. Eierwasser	. . . .	179
300. Aepfeltrank	. . . .	—
301. Kirschtrank	. . . .	—
302. Himbeertrank	. . . .	—
303. Reißwasser	. . . .	180

Zwölfter Abschnitt.
Von der Zubereitung eingemachter Früchte.

304. Himbeermuß	. . . .	181
305. Himbeergelee	. . . .	—
306. Kirschen einzumachen	. . . .	182
307. Kirschsaft	. . . .	—
308. Aprikosen einzumachen	. . . .	183
309. Ananasse einzumachen	. . . .	184
310. Melonen einzumachen	. . . .	185
311. Reines-Claudes einzumachen	. . . .	—
312. Birnen einzumachen	. . . .	186
313. Pflaumen einzumachen	. . . .	187
314. Pflaumenmuß	. . . .	—

		Seite
315. Aepfel = Marmelade		188
316. Quitten = Marmelade		—
317. Hagebutten = Marmelade		189
Vergleichung der verschiedenen Maaße und Ge=		
wichte, so wie der verschiedenen Ausdrücke		
und Benennungen		190

Er=

Erlaubte Genüsse.

Fleischarten.

Wildpret, doch nicht zu altes, Rind- und Schöpsenfleisch, roher magerer Schinken ohne Pfeffer, Hühner, Truthühner, nicht allzu junge Tauben, gebratenes Kalbfleisch. — Unter den Fischen: Forellen, Hecht, gewässerte Heringe, dergleichen Sardellen, Karpfen, doch ohne Gewürze, Wurzeln und Essig.

Butter, nicht zu alter Käse ohne Kümmel. Weiche Eier.

Ungewürzte und nicht zu fett bereitete Mehlspeisen.

Gemüse.

Spinat, Schoten, Bohnen, Mohrrüben, Blumenkohl, Kohlrabi, weiße Rüben, Teltower Rübchen, Weißkraut, Kartoffeln. Die verschiedenen Hülsenfrüchte, als: Reiß, Gräupchen, Gries, Grütze, Hirse, Spelz, Sago, Salep, Erbsen, Linsen, Bohnen.

A

Reifes Obst.

Pflaumen, süße Kirschen, Aepfel, Birnen, Weintrauben, Himbeeren, Stachelbeeren, Mispeln, Aprikosen, Korneliuskirschen, Erdbeeren; die getrockneten oder mit reinem Zucker ohne Gewürze eingemachten Früchte derselben, so wie bisweilen aus diesen bereitetes Eis, ebenfalls ohne Zusatz von Gewürzen. (Bei Colik und Durchfall sind auch die grünen Gemüse, die Obstarten und weichen Eier untersagt.)

Getränke.

Reines, oder bis zur angenehmen Süßigkeit mit Zucker, Himbeersaft (in einigen chronischen Krankheiten mit einem Theile Wein auf zwölf Theile) gemischtes Wasser, völlig reines, nicht zu stark gehopftes, gut ausgegohrenes Weiß- und Braunbier, Luftmalz- und Halbbier, ungewürztes Warmbier, Abkochungen von getrocknetem Obst, Hafergrütze, Gerste, Reiß, Gräupchen, — Cacao und wie Kaffee gebranntes Korn, Rindfleisch-, Hühner- und Taubenbrühe, Kuhmilch, (seltener Buttermilch), Mandelmilch, die durchaus keine bittere Mandeln enthalten darf, ungewürzte Chocolate.

———

Zur Reinigung der Zähne bedienen sich Kranke des reinen Wassers mit einer mäßig scharfen Bürste.

Die nöthigen Zahnpulver, Zahntincturen und sonstigen Zahnmittel, sämmtlich streng nach den Grundsätzen der Homöopathie bereitet, sind allein ächt bei dem Zahnarzt Gutmann in Leipzig, Hainstraße 339, zu finden, der auch ein Lager der nöthigen Bürsten stets vorräthig hält.

———————

Täglich mache man sich, wenigstens eine Stunde, mäßige Bewegung in freier Luft.

Verbotene Genüsse.

Fleischarten.

Schweine-, Enten-, Gänse-, Pökel-Fleisch,
Wurst. Die meisten Fischarten: Aal, Lachs, ma-
rinirte Heringe, Pöcklinge, Austern, Krebse. —
Gänse- und Schweinefett, ranzige Butter,
harte Eier, Honig.

Gewürzhafte Kräuter, Saamen und Wurzeln.

Sauerampfer, Spargel,*) Senf, Meerrettig,*)
Petersilie, Zwiebeln, Knoblauch, Sellerie, Rettig,
Radischen, Runkelrüben, Pfefferkraut, Kümmel,
Majoran, Salbei, Dill, Koriander, Basilikum,
Fenchel, Wachholderbeeren, Pilze, Hagebutten, Pfef-
fermünze, Brunnenkresse, Pastinakwurzeln, Kalmuß,
Kräutersuppen, Kräuterkäse, Cichorien und Skor-
zonerwurzeln. *)

Eigentliche Gewürze.

Zimmt, Safran, Ingwer, Pfeffer, Muscaten-
nuß, Vanille, Cayennepfeffer, Soja, Lorbeerblätter,

Citronenschalen, *) Citronat, bittere Mandeln, Nelken, neue Würze, Welsche-Nüsse an Speisen, Saucen, Getränken, Confitüren, eingemachten Früchten, Gefrornem, — gewürzte Chokolate, gewürztes Backwerk.

Anmerkung. Die mit *) bezeichneten Gewürze sind ausnahmsweise nur in chronischen Krankheiten gestattet.

Getränke.

Mineral-Wässer, als: Selterer, Fachinger, Geilnauer ꝛc. Wein, Cognac, Arac, Rum, Branntwein, Liqueure jeder Art, Bischof, Punsch, Cardinal, Necos ꝛc. Kaffee, starker chinesischer und russischer Thee, die Theeaufgüsse aus Fliederblüthen, Chamille, Baldrian, Ehrenpreis, Schafgarbe, Melisse, Quecken, Brust- und blutreinigender Thee, Biere, welche betäubende Kräuter enthalten, Doppelbiere, Biere mit Zusatz von Ingwer oder andern Gewürzen. — Vegetabilische Säuren, wie: Citronensäure, mit scharfen Stoffen geschärfter Essig und damit bereitete Saucen, Salate, saure Gurken, italienische-Salate, Kräuteressig u. s. w.

Aus arzneilichen Stoffen: China, Sandelholz, Cascarilla, Ambra, Holzkohle, Weinsteinrahm u. s. w. zusammengesetzte Zahnpulver, Zahntincturen und Essenzen; aus Ambra, Moschus, ätherischen Oelen aller Art bereitete Parfümerien, Pomaden, Seifen-,

Riech- und Waschwasser, Riechen an Eau de Cologne, Eau de Luce, Naphthen, Riechsalz ꝛc. — Räucherpulver, Räucherwasser, Ofenlack, Räucherkerzen ꝛc. Schwefel- und Schwefelhölzchen-Dampf, Kräuter- und wohlriechende Schnupftabake, stark duftende Blumen, riechende Salben, Pflaster, spanische Fliegen und sonstige innere und äußere Hausmittel, große Stubenhitze, vieles Sitzen, Schaukeln, langer Mittagsschlaf, Nachtleben, sumpfige Wohnung, dumpfiges Zimmer, karges Darben, so wie übermäßige und anhaltende Anstrengungen des Geistes.

Abweichungen von diesen allgemeinen Vorschriften wird der Arzt, nach der verschiedenen Beschaffenheit der Krankheit und der Körperconstitution, besonders angeben.

Anmerkung. In acuten (schnell verlaufenden) Krankheiten muß diese Diät-Vorschrift ohne Ausnahme auf's strengste beobachtet werden, falls nicht der Arzt es nöthig findet, den Kranken auf einzelne bestimmte Speisen und Getränke zu beschränken.

Erster Abschnitt.

Von der Zubereitung verschiedener Suppen.

1. Bouillon zu allen Suppen.

Um einen recht kräftigen Bouillon zu bekommen, muß man zu 1½ Pfund Rindfleisch 1 Quart Wasser rechnen. Man wäscht das Fleisch einige Mal ab, läßt es aber nie lange im Wasser liegen, indem dadurch das Fleisch sowohl als die Brühe schlecht und abschmeckend wird. Dann setzt man es mit kaltem Wasser bei und salzt es sogleich, damit es gehörig durchzieht. So läßt man es 3, oder, wenn es ein großes Stück ist, auch 4 Stunden ganz langsam kochen, worin man es immer erhalten und sehr darauf sehen muß, daß es nicht zu stark kocht und dann wieder lange steht, ohne nur zu ziehn. Nach dem Abschäumen, welches gleichfalls sehr sorgfältig geschehen muß, giebt man einige Mohrrüben, Zuckerwurzel, ein paar abgeschälte rohe Kartoffeln, eine kleine Kohlrabi und ein Bißchen Weiß- oder Blumenkohl dazu, damit der Bouillon einen angenehmen Geschmack bekommt. So gebraucht man nun diesen zu jeder Art von Brühsuppen, welche hier noch näher angegeben sind..

2. Suppe mit Graupen.

Man kann zu 2 Quart Bouillon ¼ Pfund Graupen rechnen, wenn man von der schönen runden Sorte nimmt. Diese werden mit kaltem Wasser und einem Stückchen Butter zum Feuer gesetzt, ganz langsam ausgequollen und dick und sämig gekocht, dann in den größern Topf mit einem ganz kleinen Stückchen Butter recht tüchtig durchgeschlagen, der abgeklärte Bouillon kochend darauf gegeben, und so noch etwas durchgekocht, dann einige Eidotter nach Verhältniß der Quantität, ungefähr 2 zu einem Quart, dazu gequirlt und dann zu Tische gegeben.

3. Suppe mit Reiß.

Man weicht den Reiß, welchen man zu der Suppe bestimmt hat, in kaltem Wasser ein, und läßt ihn wenigstens eine Stunde darin stehn, damit sich das Unreine, welches dem Reiß gewöhnlich einen sauren Geschmack giebt, auflös't. Dann wäscht man ihn mit der Hand oder mit einem Quirl so lange, bis das frisch darauf gegossene Wasser ganz

rein bleibt. Nun gießt man erst ein paar Mal kochendes Wasser darauf, und dann wird er zum
Bouillon gegeben.

4. Suppe mit Mehlgräupchen.

Dazu verfertige man einen Teig wie zu den
geschnittenen Nudeln, aber so fest, als nur immer
möglich ist. Derselbe wird nun auf dem Reibeisen gerieben, dazwischen immer wieder in etwas
Mehl eingetaucht, damit er besser zu reiben ist, und
dann getrocknet zum Bouillon gegeben. Diese Mehlgraupen sind auch sehr gut, wenn man sie in frischer Butter ganz dunkelgelb röstet und dann, in
Ermangelung der Fleischbrühe, in gehörig gesalzenem Wasser aufkocht; nur müssen sie nicht zu dünn
gemacht werden.

5. Suppe mit Gries.

Wenn der zur Suppe bestimmte Bouillon kocht,
nimmt man den feinen Gries, quirlt ihn mit etwas kaltem Wasser an, gießt unter beständigem
Umrühren denselben zur Brühe, und läßt ihn langsam, aber ja gehörig auskochen. Man kann auch
den Gries mit Wasser und Butter sehr gut kochen;
nur muß man dabei darauf sehen, daß die Butter
frisch und ohne Beigeschmack ist. Auch so geröstet,
wie bei den Mehlgraupen gezeigt worden, schmeckt
er sehr gut.

6. Suppe mit Nudeln.

Man verfertige sich die Nudeln vorher auf die gewöhnliche Weise, und rechne auf 2 Personen 1 Ei, welches man mit etwas Salz und so viel Mehl vermengt, daß der Teig, wenn man ihn auf dem Brett knetet, sich gar nicht mehr anhängt. Dann wird er so dünn wie möglich ausgerollt und auf ein reines Tuch gelegt, damit er gehörig abtrocknet — jedoch so, daß er nicht bricht — dann in einige Theile zerschnitten, zusammengerollt, und nun die Nudeln so fein, als es nur immer möglich ist, geschnitten. Wenn die dazu bestimmte Fleischbrühe kocht, streut man die Nudeln ganz lose hinein, und läßt sie nur kurze Zeit kochen oder vielmehr nur einige Mal überwellen, indem sie sonst schlifftig werden.

7. Suppe mit Hühnern.

Man wäscht und reiniget die Hühner von Allem, was einen übeln Geschmack geben kann, und setzt sie dann mit kaltem Wasser und einigen Händen voll grüner Erbsen, Mohrrüben oder Zuckerwurzeln zum Feuer. Wenn die Hühner gehörig weich sind, werden sie heraus genommen, die Brühe durch ein Haarsieb gegossen und über gerösteter oder in Butter gebratener Semmel angerichtet. Auch mit Nudeln sind die Hühner gut; nur müssen dann die Erbsen wegbleiben und an deren Statt einige der benannten Wurzeln mit gekocht werden.

8. Kraftsuppe.

Man schneidet von 2 oder 3 Suppen-Hühnern, nachdem sie rein geputzt sind, die Brüste ab, und stößt das Uebrige in einem Mörser ganz klein. Dann nimmt man auf 2 Pfund Suppen-Knochen, welche recht oft durchgehauen seyn müssen, eine Hand voll Mohrrüben und eben so viele Zuckerwurzeln, setzt dieses zusammen mit 5 Quart Wasser zum Feuer und läßt es bis auf die Hälfte einkochen. Dann wird es durch ein Haarsieb gegossen und wieder zum Feuer gebracht, um folgende Klößchen darin zu kochen: Man hackt das Fleisch von den Hühnerbrüsten ganz fein, dann rührt man ¼ Pfund frischer oder doch wenigstens recht rein ausgewaschener Butter zu Sahne, thut nach und nach das Gelbe von 6 Eiern hinein; dann das gehackte Hühnerfleisch, 1 Eßlöffel voll feines Mehl, den Schnee von den 6 Eiern, gehörig Salz, und zuletzt so viel geriebene Milchbrote, bis man Klößchen davon machen kann. Diese müssen dann sogleich in die kochende Brühe, so daß die geriebenen Milchbrote beim Kochen aufquellen, damit sie schön locker werden, worauf sie, nachdem man eins davon geprobt hat, ob sie auch gar seyen, zu Tische gegeben werden. Diese

Suppe kann man auch von alten oder jungen Tauben machen; nur daß man immer mehr Tauben als
Hühner dazu nehmen muß. Auch kann man, statt
der Klößchen, Graupen, Reiß oder geröstete Semmel nehmen.

9. Suppe von Lerchen.

Man schneidet 1 Pfund Rindfleisch in dünne
Scheiben und setzt es mit einem Stücke Butter auf
Kohlen, giebt etwas Mohrrüben dazu und läßt es
¾ Stunden schmoren. Unterdessen werden 8 bis
10 Lerchen recht schön gebraten, und ihnen dann,
wenn sie gar sind, die Brust abgeschnitten, das
Uebrige im Mörser fein gestoßen und zu dem Fleische
gethan, damit es auch noch recht tüchtig mit dämpft.
Eben so wird ein kleines Zweipfennig-Milchbrot in
feine Scheibchen geschnitten und so lange noch mit
gedämpft, bis es ganz blaßgelb ist. Dann füllt
man gute Fleischbrühe darauf, läßt es 1 gute Stunde
kochen, und gießt es durch ein Haarsieb in die
Terrine, worein man geröstetes Milchbrot und die
Lerchenbrüste legt. Auf diese Weise kann man von
jeder Art Vögel eine Suppe bereiten. Selbst
von Sperlingen schmeckt sie sehr gut; nur muß
man darauf sehen, sie jung aus den Nestern zu bekommen, weil da das Brustfleisch noch zart ist.

10. Suppe von Kälbermilch.

Man schwitzt einen Eßlöffel voll feines Mehl mit einem Stücke Butter etwas an, dann hackt man drei Paar Kälbermilch, nachdem man sie vorher etwas in kochendem Wasser verwellt und von allen Häuten und Adern gehörig gereiniget hat, recht fein, giebt sie zu dem Mehl und der Butter, schwitzt sie noch eine Viertelstunde mit, und gießt dann 1½ Quart kochender Fleischbrühe dazu, läßt sie gut durchkochen, und giebt sie über in Butter gebratenes Milchbrot in die Terrine.

11. Suppe mit eingelaufenen Gliedern.

Man quirlt 4 Eier mit 3 Löffeln Mehl und etwas Salz recht tüchtig durch einander; dann wird es in den kochenden Bouillon über den Quirl ganz langsam gegossen, gerade an der Stelle, wo die Brühe kocht. Wenn es ein Mal in die Höhe gestiegen ist, kann es auch schon zu Tische gebracht werden.

12. Suppe von Eiergerste.

Man quirlt 3 Eier mit einem gehäuften Tassenkopf geriebenen Milchbrotes durch, salzt es gehörig und gießt dann ungefähr 1 Quart kochenden Bouillon darauf, wobei aber immer gequirlt werden muß; darauf läßt man es eine Viertelstunde kochen und giebt es dann zu Tische.

13. Suppe mit Plinzen.

Man verfertiget dazu den Bouillon, wie Nr. 1. gezeigt worden ist. Dann bäckt man von 4 Eiern, 3 Löffel voll Mehl und so viel Milch, als dazu nöthig ist, ganz dünne Plinzen, ungefähr so dick, wie starkes Papier, rollt sie zusammen und schneidet fingerbreite Streifen oder Nudeln davon, schüttelt sie locker in die kochende Brühe und läßt sie noch eine Viertelstunde kochen.

14. Suppe mit Semmelklößchen.

Ein Viertelpfund Butter wird zu Sahne gerieben, nach und nach das Gelbe von 6 Eiern und zuletzt der Schnee davon dazu gerührt; dann giebt man so viel geriebenes Milchbrot dazu, daß sich der Teig nur gerade zu kleinen runden Klößchen formiren läßt, und dann, nachdem sie gesalzen sind, legt man sie in die kochende Brühe. Wenn sie in die Höhe steigen, zieht man sie vom Feuer zurück, läßt sie aber noch eine gute Zeit wohl zugedeckt stehen, indem sie dadurch recht leicht und locker werden. Wer das Süße liebt, kann ein ganz klein wenig Citronenschale auf Zucker abreiben, und dann noch so viel Zucker, als beliebig ist, dazu thun.

15. Suppe mit Schwemmklößchen.

Nachdem man 3 Eier mit noch einmal so viel Milch und ungefähr 6 Löffel voll vom feinsten Mehl recht gut durchgerührt hat, läßt man 4 Loth Butter schmelzen, wenn es seyn kann, in einer wohl verzinnten Kasserolle, rührt das Eiermehl dazu und läßt es auf Kohlen unter beständigem Umrühren zu einem dicken, ganz steifen Teige kochen. Dann muß es ganz erkalten, wo man dann noch 3 Eier, wovon das Weiße zu Schnee geschlagen wird, etwas Zucker und Citronenschale dazu rührt, die Klößchen mit einem Löffel in kochende Brühe legt, und, so wie sie in die Höhe kommen, sogleich zu Tische bringt.

16. Suppe mit Fleischklößchen.

Man hackt 1 Pfund Rindfleisch, welches man von allen Sehnen und Häuten befreit hat, mit ¼ Pfund Nierenfett recht fein, (besser ist es, wenn das Fleisch vorher mit einem blechernen Löffel geschabt worden); dann werden 4 Eier mit 4 Löffeln voll Sahne und ungefähr 4 guter Hände voll geriebenen Milchbrots zu dem Fleische gerührt, gehörig gesalzen und dann kleine runde Klößchen gemacht, wovon man erst eins zur Probe in die kochende Brühe legt, um es, wenn es etwa zu fest ist, noch mit einem Ei zu verdünnen, oder im entgegenge-

setzten Falle mit etwas geriebener Semmel nachzu-
helfen. Diese Klößchen kann man in Wasser kochen, auch die ausgeschabten Sehnen und Häute
dazu werfen, wenn man die Klöße wieder gehörig
davon absondert. Auch in dünner Erbssuppe sind
sie anzuwenden.

17. Suppe mit Fischklößchen.

Einen Karpfen oder Blei schuppt und putzt
man ganz rein, schneidet das Fleisch von den Gräten so gut wie möglich ab und hackt es ganz fein.
Dann giebt man 4 Loth geschmolzener Butter, 3
Eier, eine halbe Tasse laue Milch und so viel geriebene Semmel, als nöthig ist, dazu, salzt es und
macht kleine runde Klößchen davon. Sollten sie
in der Dicke nicht recht seyn, so hilft man auf die
obige Weise nach, legt sie in kochende Brühe und
läßt sie eine Viertelstunde kochen.

18. Suppe mit Griesklößchen.

Man reibt ¼ Pfund Butter zu Sahne und
thut nach und nach das Gelbe von 6 Eiern dazu.
Dann thut man ½ Pfund ganz feinen Gries dazu,
und zuletzt den Schnee von den 6 Eiern, salzt es
gehörig und legt kleine runde Klößchen davon in
kochende Brühe. Diese Klöße müssen eine Stunde
kochen.

19. Suppe mit abgestochenen Eiern.

Man quirlt 6 Eier mit ¼ Quart Milch und etwas Salz gehörig durch. Wenn dieses geschehen ist, so stellt man den Topf mit dieser Masse in eine Kasserolle, worin kochendes Wasser ist, und läßt es so lange fort kochen, bis diese Eier so fest sind, daß man mit einem Löffel Klößchen in den Bouillon stechen kann. Letzterer muß schon in der Terrine seyn, denn wenn man die Klöße zuerst hinein legt und die Brühe darauf gießt, so zergehen sie.

20. Suppe von klarem Bouillon.

Wenn der nach Nr. 1. bereitete Bouillon gekocht hat, werden Semmelscheiben recht schön hellgelb geröstet, eben so vorher verlorne Eier bereitet, und dann für jeden der Gäste 1 Ei und 1 Semmelscheibe gegeben.

21. Suppe mit Kartoffelklößchen.

Man rührt 4 Loth Butter zu Sahne, thut von 6 Eiern das Gelbe dazu, und ungefähr 1 Eßlöffel weißes Mehl und 6 Löffel voll kalt geriebener Kartoffeln, schlägt das Weiße der 6 Eier zu Schnee, salzt es und legt es dann in kochende Brühe. Man muß auch proben, ob sie in der Dicke gut sind und nicht zerfahren, wo dann mit Eiern oder

Mehl nachgeholfen werden kann. Diese Klöße dürfen nur sehr kurze Zeit kochen.

22. Suppe mit Butterklößchen.

Man rührt ¼ Pfund Butter zu Sahne, schlägt 2 ganze und das Gelbe von 2 Eiern dazu, rührt so viel Mehl hinein, daß man gerade mit einem Löffel, der vorher in kochende Brühe getaucht worden, kleine Klößchen in den Bouillon legen kann. Der Teig darf nicht zu weich seyn, damit sie nicht zerfahren; deshalb ist es gut, wenn man sie vorher probt.

23. Suppe von Hafergrütze.

Man rechnet in der Regel auf 1 Quart Suppe einen halben Tassenkopf Hafergrütze. Diese quirlt man mit kaltem Wasser einige Mal durch, und dann gießt man kochendes Wasser noch 2 Mal darauf, womit man sie gleichfalls noch recht schön abspült, damit sie sich recht weiß und klar kocht. Wenn sie sich nun ganz weich und sämig gekocht hat, treibt man sie durch ein Haarsieb, und gießt auch wohl noch kochendes Wasser zu, damit sich alles Sämige völlig heraus zieht. Dann gießt man diesen Haferschleim wieder in den Suppentopf, giebt ein Stück Butter, etwas Salz, ein wenig Citronenschale, Zucker und gereinigte kleine Rosinen dazu, läßt ihn noch gehörig durchkochen, und richtet

ihn über würflicht geschnittener und in Butter gebratener Semmel an.

24. Suppe von Weißbier.

Man nimmt 1 Eßlöffel voll Kartoffelmehl und
rührt es mit etwas Weißbier dünn. Das übrige
Bier (nämlich von einem Quart) setzt man mit
Zucker und ein wenig Citronenschale auf das Feuer.
Wenn es kocht, so wird das verdünnte Kartoffelmehl dazu gethan und so lange gekocht, bis es gar
ist, und dann über in Butter gebratenem Milchbrot angerichtet.

25. Suppe von Reißgries.

Auf 1 Quart Weißbier nimmt man 4 Loth Reißgries, behandelt ihn eben so, wie das Kartoffelmehl, nur daß der Gries länger kochen muß. Auch
läßt man ein Stückchen Butter, Salz und Zucker
mit kochen und zieht zuletzt die Suppe mit ein paar
Eiern ab.

26. Suppe von Weißbier mit Sago.

Man kann zu 1 Quart Bier ungefähr 4 Loth
Sago nehmen. Derselbe wird in kaltem Wasser
abgewaschen, dann ein paar Mal mit kochendem
Wasser nachgebrüht und wieder kalt recht tüchtig
mit der Hand durchgewaschen, welches man am
bequemsten in einem Durchschlage thut, den man

in das Wasser hält. Wenn dieses geschehen ist, so
setzt man ihn mit kochendem Weißbier, Zucker und
nur einem kleinen Streifchen Citronenschale zum
Feuer und läßt ihn ganz langsam aufkochen. Sollte
er zu dick werden, so kann man immer noch abgekochtes Bier dazu gießen. Wenn man den Sago
mit Wein kochen will, so verfährt man eben so damit, nur daß man ihn erst in Wasser ausquellen
läßt und dann den Wein dazu thut.

27. Suppe von Weißbier mit Eiern.

Man kocht 1 Quart Weißbier mit Zucker und
etwas Citronenschale auf, legirt es mit dem Gelben von 3 Eiern, 1 Theelöffel voll Mehl und einem halben Tassenkopf kaltes Weißbier. Dann
setzt man es noch einmal auf schwaches Kohlenfeuer, läßt es unter beständigem Umrühren ziehen und richtet es über gerösteten oder in Butter
gebratenen Milchbroten an. Man kann auch Zwie-
bäcke dazu nehmen.

28. Milchsuppe mit Klößchen.

Man kocht die Milch mit Zucker auf, thut
von dem in Nr. 22. beschriebenen Teige kleine
Klößchen in dieselbe, läßt sie aber ja nicht zu lange
kochen, und bringt sie sogleich nach dem Anrichten
zu Tische.

29. Milchsuppe mit Plinzen.

Man macht von 3 Eiern, 3 Löffeln voll Mehl, etwas Zucker, einer Prise Salz und Milch, so viel als nöthig ist, Plinzen. Nachdem sie alle gebacken, werden sie in feine Streischen geschnitten und in die kochende Milch gethan, wo sie nur ein paar Mal aufkochen dürfen.

30. Milchsuppe mit Schneeklößchen.

Man kocht 1 Quart Milch mit Zucker auf. Unterdessen schlägt man von 6 Eiern das Weiße zu steifem Schnee, legt denselben löffelweise in die kochende Milch, kehrt ihn mit einem Schaumlöffel um und legt ihn dann auf ein Sieb, damit er abläuft. Dann wird die kochende Milch, mit dem Gelben der 6 Eier legirt, in die Terrine gethan, Schneeklößchen darauf gelegt, dick mit Zucker bestreut und zu Tische gegeben. — Man kann jede Art von Klößchen und andern Dingen, als Nudeln, Reiß, Gries, Graupen, Sago ꝛc. in Milch kochen und als Suppe zur Tafel geben.

31. Suppe von Borsdorfer Aepfeln.

Man schält und schneidet die Aepfel in kleine Stückchen und setzt sie mit Wasser und etwas Citronenschale zum Feuer, wo man sie ganz zerkochen läßt. Dann werden sie durch ein Haarsieb gestri-

chen, Zucker, kleine Rosinen, welche man gut gereiniget hat, dazu gethan und noch so lange gekocht, bis letztere weich sind. Alsdann wird zu 1
Quart solcher Suppe 1 Tassenkopf voll Wein, 1
Theelöffel Kartoffelmehl und das Gelbe von 3
Eiern durchgequirlt und die Suppe damit legirt.
So läßt man sie noch ein wenig aufkochen, welches jedoch unter beständigem Umrühren geschehen
muß, und richtet sie dann in die Terrine an. Man
kann den Wein und die Rosinen auch ganz weglassen, wenn es der Arzt verbietet. Auch kalt schmeckt
diese Suppe sehr gut, wenn man sie mit Biscuit-
plätzchen garnirt.

32. Suppe von Kirschen.

Dazu kann man frische und trockne Kirschen
nehmen; nur müssen es süße schwarze Kirschen,
durchaus keine saure seyn. Diese werden mit Wasser und etwas Citronenschale ganz weich gekocht,
durch ein Haarsieb gestrichen und dann wieder zum
Kochen gebracht, wo man erst Zucker nach Belieben dazu thut. Auf 1 Quart Wasser nimmt man ½
Metze Kirschen und einen schwachen Löffel voll Kartoffelmehl, welches man, wenn es der Arzt erlaubt,
mit Wein abrühren kann.

33. Suppe von Pflaumen.

Eine halbe Metze frischer Pflaumen werden so

lange in kochendes Wasser gelegt, bis die Haut bequem abgeht. Die Steine werden dann heraus gedrückt und die Pflaumen in einen Topf gethan. Zu ½ Metze Pflaumen werden 2 Quart Wasser gegossen, etwas Citronenschale und Zucker nach Gutdünken dazu gegeben und nun so weich gekocht, daß man sie ganz fein zerquirlen kann. Dann wird etwas Kartoffelmehl, mit Wein oder Wasser abgezogen, dazu gethan und über geröstetem Milchbrot oder Zwieback angerichtet. Man kann diese Suppe kalt eben so gut als warm geben.

34. Suppe von Aprikosen.

Zu 1 Quart Wasser nimmt man 15 Stück Aprikosen, schneidet dieselben auf, daß die Steine heraus kommen, bringt sie nun mit dem gehörigen Zucker und etwas Citronenschale zum Feuer und läßt sie ganz zu Muß kochen. Dann werden sie durch ein Haarsieb gestrichen, und mit 1 Tassenkopf Wein oder Wasser und einem halben Eßlöffel Kartoffelmehl abgequirlt, zur Suppe gethan. Nun läßt man sie noch etwas aufkochen, und so werden sie warm oder kalt, mit Zwieback oder Biscuit garnirt, zur Tafel gegeben.

Anmerkung. So wie von diesen hier angeführten Obstarten, können von jedem andern Obst, welches der Arzt erlaubt, warme und kalte Suppen bereitet werden.

Zweiter Abschnitt.

Von der Zubereitung der Saucen.

35. Weiße Sardellensauce.

Man nimmt zu einem Quart Sauce 12 Loth Sardellen. Diese werden fein gewiegt und in einem Stück geschmolzener Butter etwas durchgeschwitzt; dann ungefähr 3 gute Löffel voll Mehl hinzugethan und noch etwas mitgedämpft, jedoch so, daß es nicht gelb wird; sodann wird der Bouillon dazu gerührt, und eine Viertelstunde gekocht. Sollte die Sauce zu dick, oder zu dünn seyn, welches immer auf das Mehl ankommt, ob es nämlich sehr frisch und feucht oder trocken ist, so kann noch nachgeholfen, und etwas Citronenschale, und wenn es gefällig und erlaubt ist, ein wenig Wein hinzu genommen werden. Die Sauce wird zuletzt durch ein Haarsieb gestrichen und zu Rindfleisch u. dgl. gegeben. Mit Eiern legirt sieht sie noch schöner aus.

36. Braune

36. Braune Sardellensauce.

Bei dieser bleibt es in Ansehung der Quantität ganz dasselbe, nur daß die Sardellen, von allen Gräten gereinigt, gehackt werden. Das Mehl wird in der Butter ganz dunkelgelb gemacht, dann die Sardellen noch mit durchgeschwitzt; mit Bouillon aufgefüllt, kocht man sie eine Viertelstunde lang. Wenn es der Arzt erlaubt, so kann etwas Wein und Citronenschale dazu genommen werden; die Eier bleiben jedoch fort.

37. Holländische Sauce.

Ein Viertelpfund Butter reibt man mit 8 Eidottern und 2 Löffeln voll Mehl zu Sahne, dann setzt man 2—3 Eßlöffel kaltes, und, wenn es der Arzt erlaubt, 2 Tassenköpfe Wein, nebst etwas Citronenschale, und 3—4 Tassen kochendes Wasser, so wie 4 Loth Zucker hinzu, und kocht sie unter beständigem Umrühren so lange, bis das Mehl nicht mehr roh schmeckt. Man wendet diese Sauce zu Allem, wozu sie paßt, an.

38. Fricasseesauce.

Es werden 4 Löffel voll Mehl mit etwas kaltem Wasser klar gerührt, das Gelbe von 8 Eiern dazu geschlagen, mit kochender Brühe zu einer sämigen Sauce gerührt, und über gelindem Feuer

B

gekocht. Diese Sauce kann zu jedem Frikassee, zu Blumenkohl und zu allen Speisen, welche dergleichen erfordern, gegeben werden.

39. Morchelnsauce.

Um die Morcheln zu reinigen, schneide man das an der Wurzel befindliche Rauhe und Sandige ab, und sie selbst zweimal durch, durchsuche genau, ob auch keine Würmer darin sind, und wasche sie nun so oft und so viel als möglich. Dann werden sie auf das Feuer gesetzt und gut verwellt, worauf sie in einen Durchschlag gethan und noch einigemal mit kaltem Wasser nachgespült werden, um allen Sand zu entfernen. Auf diese Weise vollkommen gereinigt, hacke man sie recht fein, mache braunes Mehl, gebe die Morcheln dazu und koche es, mit gutem Bouillon aufgefüllt, zu einer sämigen Sauce, welche zu allen Fleischarten gut schmeckt.

40. Sahnensauce.

Man reibe 4 Loth Butter ab, gebe 4 Eidotter, einen gehäuften Löffel Mehl, etwas kaltes Wasser und ein wenig Citronenschale auf Zucker abgerieben hinzu. Nun rührt man so viel süße kochende Sahne dazu, daß die Sauce schön sämig wird, und läßt sie unter beständigem Umrühren gar werden.

41. Milchsauce.

Man läßt 1 Quart Milch mit dem gehörigen Zucker und einer Citronenschale etwas einkochen. Unterdessen quirlt man 9 Eidotter mit einem Theelöffel Mehl und einem Eßlöffel kaltem Wasser recht glatt, gießt die kochende Milch hinzu, läßt es unter beständigem Umrühren noch etwas ziehen, und giebt diese Sauce zu Mehlspeisen und Puddings.

42. Rosinensauce.

In einem Stückchen Butter brennt man einige Löffel Mehl ganz dunkelbraun; auch brennt man in einem Blechlöffel Zucker, so viel als nöthig ist. Unterdessen setzt man große Rosinen, auf 1 Quart Bouillon ein halbes Pfund, mit gutem fetten Bouillon zum Feuer, giebt eine Citronenschale dazu, und läßt die Rosinen ausquellen, dann wird das braune Mehl und der Zucker dazu gethan, recht glatt abgerührt, noch etwas durchgekocht und zum beliebigen Gebrauch verwendet. Statt des gebrannten Zuckers kann man auch Syrup oder Pfefferkuchen ohne Gewürz anwenden.

43. Gurkensauce.

Man läßt in einer Kasserolle ein Stück recht frische Butter schmelzen, giebt 2 oder 3 Löffel voll Mehl und 1 große oder 2 kleine Gurken, welche eben so wie zum Salat geschnitten worden, dazu, schwitzt dieses gehörig weich, und füllt es dann mit gutem Bouillon auf, so daß es eine dicke Sauce wird. Man läßt es noch so lange kochen, bis die Gurken ganz weich sind, und schlägt sie dann durch ein Sieb. Diese Sauce schmeckt zu Rindfleisch sehr gut.

44. Kirschsauce.

Man gießt auf 1 Metze süßer schwarzer Kirschen 1 gutes Quart Wasser, und läßt sie mit 1 Citronenschale ganz zu Brei kochen. Dann nimmt man einen starken Quirl, und bearbeitet die Kirschen so lange damit, bis sie von den Steinen los sind. Nun werden sie durch einen Durchschlag gestrichen, noch einmal zum Feuer gesetzt, mit 1 kleinen Eßlöffel voll Kartoffelmehl, (wenn es erlaubt ist) mit Wein, außerdem mit frischem Wasser abgerührt; Zucker nimmt man nach Belieben. Nachdem die Sauce noch etwas gekocht hat, kann sie zu jedem beliebigen Gebrauche verwendet werden.

45. Himbeersauce.

Man preßt die zur Sauce bestimmten Himbeeren in einem Tuche aus, und läßt den Saft mit Zucker auf Kohlenfeuer kochen, rührt ebenfalls Kartoffelmehl, nach der Menge der Sauce, zu einem Quart einen halben Eßlöffel mit Wein oder Wasser

dazu, und läßt es noch so lange ziehen, bis das
Mehl ausgequollen ist.

46. Aepfelsauce.

Man kocht drei Viertelmetzen mit der Schale
klein geschnittener Aepfel mit einem Quart Wasser
weich, quirlt sie und streicht sie dann durch ein
Haarsieb, worauf man sie mit auf Zucker abgeriebener Citronenschale und einer hinreichenden Menge
Zucker wieder auf Kohlen setzt, Kartoffelmehl, wie
bei den vorhergehenden Saucen gezeigt worden, dazu thut und sie nun vollends gar kocht.

47. Hagebuttensauce.

Man kocht eine halbe Viertelmetze Hagebutten
ganz weich und streicht sie durch ein Haarsieb.
Dann brüht man ein halbes Pfund Pflaumenmuß
ohne Gewürz mit kochendem Wasser an, läßt es
am Feuer etwas aufstoßen und schlägt es gleichfalls
durch. Nun giebt man beide Saucen zusammen in
einen Topf, thut Zucker, etwas Citronenschale und
zuletzt das in Wein abgerührte Kartoffelmehl dazu
und läßt es noch mit einander aufkochen. Diese
Sauce schmeckt zu Puddings äußerst angenehm.

Anmerkung. Man hat so viele schöne Saucen von
Obst und dergleichen, welche alle bekannt sind, und ich
bemerke nur, daß man diejenigen, welche ohne Gewürze,
Kräuter, Zwiebeln und jede Art von Säuren gemacht
werden können, anwenden kann.

Dritter Abschnitt.

Von der Zubereitung des Fleisches.

48. Rindfleisch zu kochen.

Da ich in diesem kleinen Werke nicht zu weitläufig werden will, und auch überzeugt bin, daß Jeder, der sich dessen bedient, gewiß Rindfleisch zu kochen versteht; so bemerke ich nur: daß gerade das Rindfleisch als der Gesundheit am zuträglichsten empfohlen wird, und nicht allein zu den Saucen, sondern auch, wie gewöhnlich in Privathaushaltungen, zu jedem Gemüse gegessen werden kann. Bei dem Bouillon Nr. 1. habe ich bereits die Quantität des Wassers, so wie die Länge der Zeit zum Kochen des Fleisches bestimmt, und bemerke nur noch, daß ein dickes Schwanz= oder Lendenstück, von einem nicht zu alten Ochsen, sondern schön durchwachsen, für Homöopathen am geeignetsten ist, da Bruststücke schon zu fett sind. Um den Bouillon recht kräftig zu machen, muß man einige

Knochen mitkochen, da die schönen Tafelstücke in der Regel allein nicht so gute Brühe geben. Die Knochen können immer zweimal mitgekocht werden.

49. Schmorfleisch.

Hierzu nimmt man am besten ein schönes dickes Stück aus der Keule, schneidet die Knochen heraus, legt es mit einigen Mohrrüben, Zuckerwurzeln, einigen abgeschälten Kartoffeln und der Rinde von schwarzem Brote, so wie einem Stückchen Citronenschale auf ein hölzernes Kreuz in den Schmortopf, gießt Wasser oder Bier darauf (braunes Bier, welches nicht zu bitter ist, macht es sehr wohlschmeckend); dann salzt man es, doch nicht zu stark, da es durch das lange Schmoren ohnehin sehr kräftig schmeckt, und läßt es, recht gut verdeckt, auf gelindem Feuer wenigstens 6 Stunden kochen. Eine halbe Stunde vor dem Anrichten nimmt man es heraus, streicht die Sauce durch ein Haarsieb, brennt 1 oder 2 Löffel Zucker braun, und giebt diesen dazu, so wie ein wenig braunes Mehl, im Fall die Sauce nicht sämig genug seyn sollte; oft ist es nicht nöthig, da die Wurzeln und das Brot, so wie ein recht gleiches Feuer beim Kochen, dieselbe gewöhnlich hinreichend sämig machen.

50. Rinderbraten.

Hierzu nimmt man ein Rippenstück mit dem

Mehrbraten, klopft und legt es, wenn man dasselbe rein abgewaschen hat, in eine Bratpfanne,
salzt das Fleisch gehörig und setzt es in einen wohl
ausgeheizten Ofen. Man muß den Braten recht
fleißig begießen, auch darf man nicht im Anfang
zu viel Wasser aufgießen, um zuletzt noch etwas
nachgießen zu können. Wenn der Braten gar ist,
rührt man etwas braunes Mehl, welches aber trok-
ken braun gebrannt ist, da die Sauce gewöhnlich
sehr fett ist, zu dieser, und läßt es noch ein wenig
durchbraten. Kleine Kartoffeln, in einer eisernen
Pfanne mit etwas Butter gelb gebraten, werden
als Garnirung dazu gegeben.

51. Rindfleisch zu grilliren.

Gekochtes Rindfleisch schneidet man in Scheiben, wälzt es in Eiern und Semmel, läßt Butter
in einer Pfanne heiß werden, legt die Scheiben
hinein, und läßt sie auf beiden Seiten, jedoch nicht
zu hart, braten. Dieses Rindfleisch kann man zum
Gemüse oder mit einer braunen Sardellensauce geben.

52. Rindfleisch mit einer Kruste.

Man kocht ein schönes fettes Riemstück auf
die gewöhnliche Weise. Wenn es gar ist, nimmt
man es aus der Brühe, läßt es ablaufen, bestreicht
es mit geklopftem Ei und bestreut es dick mit geriebener Semmel, legt es auf eine Bratpfanne und

läßt es im Ofen gelb werden. Dann giebt man eine beliebige Sauce dazu. Zu bemerken ist, daß man an der Seite, wo das Fett sitzt, vor dem Bestreichen mit Ei und Bestreuen mit Semmel, das feine Häutchen abschneidet, und in der Bratpfanne diese nach oben kehrt, damit sie schön gelb werde.

53. Filet.

Dieses wird von allen Häuten und Sehnen befreit. Das davon abgelös'te Fett wird in kleine Streifen, denen des Specks ähnlich, geschnitten, und nachdem man es gesalzen hat, das ganze Filet damit gespickt, noch etwas Butter darauf gelegt und in einer Bratpfanne mit nur wenig Wasser, in einem gut ausgeheitzten Ofen unter öfterem Begießen längstens in 2 Stunden ausgebraten. Man garnirt dieses mit kleinen gebratenen Kartoffeln, welche man mit der eigenen oder einer besonders dazu bereiteten Sardellensauce zu Tische giebt.

54. Beefsteaks.

Man schneidet aus dem von allen Häuten befreiten Filet zwei Finger dicke Scheiben, die man mit einem Messer oder hölzernen Schlägel so lange klopft, bis sie nur noch halb so dick sind. Etwas gesalzen legt man sie auf eine eiserne Pfanne, worin Butter gelbbraun gemacht worden ist, läßt sie unter öfterem Umwenden von einer Seite zur andern 5, höchstens 7 Minuten braten, und bringt sie sogleich mit gebratenen Kartoffeln zu Tische.

55. Klobs.

Man schabt 2 Pfund Rindfleisch von der Oberschale mit einem Messer recht fein, giebt 4 Eßlöffel voll geschmolzener Butter, für 4 Pfennige geriebenes Milchbrot und 4 Eier nebst Salz dazu. Dieses Alles rührt man recht gut durch einander und macht kleine runde Klobse davon, die man etwas breit drückt und mit dem Messer bunt macht. Dann wird in einer flachen Kasserolle ¼ Pfund Butter mit eben so viel fein gehackten und vorher gut ausgewässerten Sardellen und ungefähr 3 Tassenköpfe voll Bouillon auf ein Kohlenfeuer gesetzt, und die Klobse darin 20 Minuten lang, wohl zugedeckt und einmal umgewendet, gekocht. Sollte die Sauce sich zu sehr verkochen, so kann immer noch etwas Bouillon zugegossen werden.

56. Ochsenzunge.

Man kocht die Ochsenzunge recht weich, zieht die Haut ab und schneidet sie der Länge nach durch, macht eine Sardellen- oder Rosinensauce dazu, legt die Zunge hinein, läßt sie noch etwas darin ziehen und giebt sie als Mittelspeise zur Tafel. Man kann sie auch in Scheiben schneiden und mit länglich geschnittenen süßen Mandeln bestreuen. In Scheiben geschnitten und grillirt giebt es eine schöne Beilage zu Gemüsen.

57. Geschmorte Kalbskeule.

Man setzt die Kalbskeule mit kaltem Wasser auf das Feuer und läßt sie so lange darauf, bis sie von allen Seiten anfängt, Bläschen zu schlagen. Dann läßt man sie ein klein wenig ziehn, jedoch nicht kochen; darauf nimmt man sie vom Feuer, läßt sie noch etwas stehn, legt sie dann in kaltes Wasser, wäscht und putzt sie gehörig, und trocknet sie mit Löschpapier rein ab. Dann legt man sie auf einem hölzernen Kreuze in einen Schmortopf, giebt ein tüchtiges Stück Butter, einige Mohrrüben, etwas Citronenschale, und zuletzt Wasser oder Weißbier dazu. Auch kann man, wenn es der Arzt erlaubt, halb Wein, halb Wasser darauf gießen, läßt es schön dunkelgelb und kurz einschmoren, sieht sich aber ja vor, daß es nicht anbrennt. Man kann etwas Zucker braun machen und die Sauce dami färbent.

58. Geschmorte Kalbskeule auf eine andere Art.

Man bereitet die Kalbskeule, wie eben gezeigt worden, setzt sie aber nur, nachdem sie etwas gesalzen, mit Butter in einem Schmortopfe auf und

läßt sie in ihrer eigenen Sauce gar werden, je=
doch nicht braun. Dann macht man eine recht
schöne weiße Sardellensauce dazu, legt die Keule,
welche vorher aus dem Topfe genommen wird, da=
mit sie ganz trocken abgelaufen ist, auf eine etwas
tiefe Schüssel, und giebt die Sauce darüber.

59. Frikassee von Kalbfleisch.

Von einem recht schönen Kalbe nimmt man
die Brust, haut solche in mittelmäßig große Stücke
und blanchirt sie nach Nr. 57. Nun setzt man
sie mit einem Stücke Butter, dem gehörigen Salz
und kochendem Wasser in einer Kasserolle auf das
Feuer und läßt sie gar kochen. Dann nimmt man
das Fleisch aus der Brühe, läßt dieselbe durch ein
Haarsieb laufen und setzt es wieder auf das
Feuer, macht nun Semmelklößchen, welche bei der
Suppe Nr. 14. beschrieben sind, und kocht sie dar=
in gar. Nun werden mehrere Eidotter mit 1 Löf=
fel voll Mehl, und wenn es erlaubt ist, etwas Wein,
Zucker und ein wenig abgeriebene Citronenschale
mit einander abgequirlt und die Brühe nach und
nach dazu gegossen. Jetzt läßt man es noch etwas
ziehn und gießt es dann über das Fleisch und die
Klößchen, welche man auf einer Schüssel rangirt
hat. Eine Hauptsache ist, daß man nie zu viel
salzt, indem es nicht nur ungesund ist, sondern auch
feine Speisen verdirbt. Auch mit Sardellen kann

man diese Sauce noch recht angenehm machen, in= dem ihr dadurch das Weichliche benommen wird. Jede Art Frikassee, als von Suppenhühnern, jun= gen Hühnern und Tauben kann man auf eben diese Art machen.

60. Kalbfleisch mit kleinen Rosinen.

Man bereitet das Kalbfleisch wie oben, und wenn es gar ist, wird Mehl in etwas Butter ganz weiß geschwitzt, die Brühe damit sämig gemacht, und unterdessen kleine Rosinen nach Verhältniß zu dem Fleische recht fein verlesen und gewaschen, dieselben in Wasser erweicht und dann zu der Sauce gegeben. Viel Rosinen muß man immer nehmen, indem es sonst schlecht aussieht, wenn die Sauce nicht dick davon ist. Etwas Wein und Ci= tronenschale macht es gut, doch kann es auch weg= bleiben.

61. Kalbskoteletten.

Man nimmt zu diesen Koteletten ein Stück aus der dicken Rippe, schabt das Fleisch ganz sau= ber von ben Knochen herunter, befreit es von al= len Häuten und Sehnen und klopft es mit dem Rücken eines großen Messers von allen Seiten, kreuz und quer, recht mürbe. Die Knochen müs= sen recht zierlich abgehauen werden, damit sie nur eines Fingers lang sind. Dann wendet man sie in mit

etwas Salz zerschlagenen Eiern um, bestreut sie mit
geriebener Semmel, und bratet sie in geschmolzener
Butter unter beständigem Begießen schön hellbraun
und ja nicht hart. Diese Koteletten kann man zur
Garnirung von Gemüsen mit einer Sardellensauce,
und auch zu Compots geben.

62. Fricandeaux.

Man schneidet aus der Keule 2 Finger dicke
Scheiben und klopft sie mit einem breiten Holze etwas. Dann wird Butter in einer Kasserolle geschmolzen und diese Fleischscheiben ganz gelb darin
gedämpft. Wenn dieses geschehen ist, wird die
Butter ganz davon abgegossen, ein paar große Löffel voll recht starker Bouillon und ein Glas Ma-
dera darauf gegossen und so zum Kochen gebracht.
Einige gut ausgewaschene und ausgegrätete Sardellen, etwas Citronenschale, 1 Löffel voll geriebenes
Roggenbrot, und wenn die Sauce noch nicht sämig genug seyn sollte, auch etwas braun geschwitz-
tes Mehl werden dazu gethan. Wenn Alles gehörig durchgekocht ist, legt man die Fricandeaux auf
eine Schüssel und giebt die Sauce darüber. Im
Falle der Wein nicht erlaubt ist, sind sie auch ohne
diesen gut. Wer es darf, kann auch ganz fein gewiegte Trüffeln dazu thun.

63. Fricandeaux auf eine andere Art.

Die Fricandeaux werden auf die nämliche Art bereitet und in Butter gar gedämpft, zuletzt mit dicker Sahne aufgefüllt, noch ein wenig geschwitzt und dann zu Tische gebracht.

64. Hachee.

Hierzu nimmt man die Bratenreste und hackt solche fein, läßt ein Stück Butter in einer Kasserolle heiß werden und schwitzt das Gehackte mit ein paar Hände voll geriebenen Milchbrots etwas durch, füllt dann guten Bouillon und zuletzt etwas guten Wein dazu, läßt es noch ein wenig kochen und garnirt verlorne Eier darauf, welche jedoch nicht hart seyn dürfen.

65. Croquets von Kälbermilch.

Man nimmt 3 Stücke Kalbsmilch, blanchirt und häutet sie ganz rein ab; dann werden sie in ganz feine Würfel geschnitten. Unterdessen schwitzt man einige Löffel voll Mehl in Butter ganz weiß-gelb, giebt die Kalbsmilch nebst fein gehackten und vorher ganz weich gekochten Morcheln, auch, wenn es erlaubt ist, etwas frische oder in feinem Oel ein-gemachte Champignons dazu, gießt recht guten Bouillon darauf und läßt es ganz kurz kochen, le-girt es mit dem Gelben von einigen Eiern und läßt es ganz kalt werden. Nun formirt man kleine runde Würstchen davon, wendet sie in Ei und Semmel um, und bäckt sie in heißer Schmelzbutter aus. Man kann Gemüse damit garniren, oder sie auch gleich nach dem Rindfleische geben. Fischleber, Gaumen vom Kalbskopf u. dgl. kann dazu gethan werden.

———

Vierter Abschnitt.
Von der Zubereitung der Fische.

66. Zander.

Wenn der Zander ganz auf den Tisch kommen soll, so muß man denselben, wenn er groß ist, in einem Fischkessel mit einem Einsatz kochen, oder mit weißem Band, welches in geschmolzener Butter fett gemacht worden ist, umwickeln. So wird er in den Kessel oder in die Kasserolle gelegt, gehörig Salz und ein gut Stück Butter dazu gethan, und der Fisch so gar gekocht; jedoch muß man Acht geben, daß er nicht zu lange oder zu langsam kocht, da das Fleisch sehr zart ist und leicht zerfällt. Wenn der Zander vom Feuer genommen wird, so gießt man etwas ganz kaltes Wasser darauf und läßt ihn noch ein wenig stehen, legt denselben dann auf eine Schüssel und giebt geschmolzene Butter oder eine holländische Sauce nach Nr. 37., welche mit der Fischbrühe gemacht wird, darüber. — Die kleineren Zander oder auch die in Stücke zerschnittenen werden eben so behandelt. Hauptsächlich hat man darauf zu sehen, daß der Fisch von der Brühe, in welcher er gekocht hat, recht rein abgelaufen ist, da sonst die Sauce schlecht aussieht. Dieses gilt bei allen Fischen, die mit einer Extra-Sauce oder mit Butter gegeben werden.

67. Schüssel-Hecht.

Hierzu nimmt man gern einen mittelmäßig großen Hecht, da der ganz große immer trocken, der kleine aber nicht so gut dazu ist. Der Hecht wird recht rein geschuppt, aus einander gerissen und in kleine Stücke zerschnitten. Dann wird in einer zinnernen Schüssel ein gutes Theil Butter geschmolzen, ungefähr auf 2 Pfund Fisch ein Viertelpfund Butter; worunter man ein Viertelpfund gut gewaschener und gehackter Sardellen nebst etwas auf einem Stück Zucker abgeriebene Citronenschale thut, und den Hecht nun, mit der Haut nach unten, auf die Schüssel rangirt und wohl zugedeckt schwitzen läßt. Wenn er so einige Zeit gedämpft hat, wendet man die Stückchen um, quirlt nun einen kleinen Löffel voll Mehl mit Wasser oder, wenn es erlaubt ist, mit Wein ab, und gießt es zu dem Fisch, läßt ihn damit gar werden und giebt denselben mit der nämlichen Schüssel, welche

man auf eine andere setzt, zu Tische. Wer keine
zinnerne Schüssel hat, kann auch statt dieser eine
recht flache Mehlspeisenform nehmen; nur muß
der Deckel gut darauf passen.

68. Gebratener Hecht.

Man nehme hierzu kleine Hechte, welche geschuppt, ausgenommen, recht rein gewaschen und
dann in kochendem Wasser, welches gut gesalzen
seyn muß, etwas blanchirt werden. Dann nimmt
man sie heraus, läßt sie rein ablaufen, wendet sie
in Eiern und einer Mischung von halb Mehl, halb
geriebenem Milchbrote um, und bäckt sie in einer
eisernen Pfanne in recht heißer Butter rasch aus.
Sind die Fische alle gebraten, so schält man
kleine Kartoffeln, welche während der Zeit abgekocht wurden, läßt sie in der Fischbutter etwas
braten und garnirt die Fische damit, worauf man
sie zu Tische giebt.

69. Frikassee von Hechten.

Wenn der Hecht gehörig geschuppt und gewaschen ist, so wird er am Rücken aufgeschnitten,
doch so, daß die Gräten ganz bleiben. Man lös't
nun das Fleisch gut von denselben ab, schneidet
drei Finger breite Stückchen davon, und sieht sie
noch recht sorgfältig durch, damit alle Gräten herauskommen. Nun setzt man den Fisch mit einem

Stück Butter, fein gehackten Sardellen und etwas
Wasser auf Kohlen, und läßt ihn gar kochen;
hierauf rührt man einen kleinen Löffel Mehl mit
etwas Sahne ab, giebt es dazu, und läßt es nur
noch so lange auf dem Feuer, bis das Mehl ver-
kocht ist und nicht mehr roh schmeckt. Dann erst
werden mehrere Eidotter mit etwas kaltem Wasser gequirlt und die Fischsauce damit legirt, so dick,
als eine gute Frikasseesauce seyn muß. Man kann
nun dazu nach Belieben kleine Fischklößchen nach
Nr. 17. machen, und den Fisch damit verlängern.
Auch kann man sich, wenn vielleicht die Fische
zu theuer sind, der gewöhnlichen Semmelklößchen
nach Nr. 14. bedienen. Dieses Frikassee kann auch
von andern Fischen bereitet werden.

70. Bouletten von Fischen.

Dazu kann man übriggebliebene Fische nehmen, welche man recht fein hackt, und mit süßer
Sahne anfeuchtet; dann werden Eier dazu geschlagen und soviel geriebene Semmel hinzugethan, daß
man runde Klöße davon machen kann, welche etwas breit gedrückt, mit dem Messer bunt gemacht
und in heißer Butter schön dunkelgelb gebraten
werden. Macht man die Bouletten von rohem
Fischfleisch, so muß dasselbe, wenn es recht fein
gehackt ist, zuvor in Butter weich gedämpft und
dann erst zusammen gemacht werden.

71. Karpfen mit Bier.

Der Karpfen wird rein gewaschen, und nach Belieben abgeschuppt oder auch nicht. Hiernach wird in einen tiefen Teller etwas Wein gethan, der Fisch unten am Halse quer eingeschnitten, bei dem Schwanz in die Höhe gehalten, und mit dem Kopf in dem Teller, worin der Wein ist, so lange herumgezogen, bis er ausgeblutet hat. Nun wird er auf die gewöhnliche Weise zerlegt und in einer Kasserolle rangirt, die Kopfstücke und Eingeweide auf den Boden der Kasserolle, und die übrigen Stücke darauf. Dann wird etwas Citronenschale, ein Stückchen Rinde von schwarzem Brot, gehörig Salz, und nun entweder halb Weiß = halb Braunbier, oder auch nur Weißbier allein, darauf gegossen, so daß es übersteht, und auf recht raschem Feuer, welches immer, wenn der Fisch einmal kocht, nur an den Seiten herum brennen muß, gekocht. So wie er etwas verschäumt hat, thut man die Butter hinzu, und ganz zuletzt den Wein mit dem Blute und einen Löffel voll auf Kohlen braun gebrannten Zucker. Die Sauce darf nicht lang, sondern muß sämig seyn; dann schmeckt dieser Fisch eben so gut, als jeder andere Bierfisch.

72. Gebratener Karpfen.

Man nimmt hierzu einen großen schönen Karpfen, den man gehörig schuppt und abwäscht; dann wird er unter dem Halse so weit aufgeschnitten, daß man nur eben das Eingeweide herausnehmen kann. Dieses wird nun von der Galle gut gereinigt und recht fein gehackt, geriebene Semmel, welche in Butter gelb geröstet, und ein paar Eier dazu gerührt, gehörig gesalzen, und der Fisch damit ausgefüllt und gut zugenäht. Nun legt man in eine Bratpfanne ein kleines Holzgitter, und den Karpfen darauf, bedeckt ihn ganz mit Butter, und setzt denselben so in einen wohl ausgeheizten Bratofen. Der Karpfen muß sehr fleißig begossen und umgewendet werden. Wenn derselbe anfängt, gelb zu werden, so bestreuet man ihn mit geriebener Semmel, und beträufelt ihn mit der eigenen Sauce, bis er gar ist. Man giebt Sardellensauce dazu, die aber mit der Fischsauce bereitet wird. Beim Vorlegen muß er der Quere nach durchschnitten werden. Will man einen Hecht auf diese Art bereiten, so müssen hin und wieder Schnitte in die Haut gemacht, oder, wenn es ein ganz großer Fisch ist, dieselbe ganz abgezogen werden.

73. Schleihe.

Diese können ganz auf die nämliche Art, wie der Karpfen Nr. 71. und der gebratene Karpfen bereitet werden. Auch kann man statt der Sardellensauce ein wenig Mehl mit Sahne abrühren, die Bratensauce damit legiren und sie über den

Fisch geben. Eben so kann man die Füllung in dem Fisch ganz weglassen.

Anmerkung. Da den Homöopathen, außer Aal und Lachs, beinahe alle Fische erlaubt sind, so können sie auch alle bereitet werden, nur darf nichts von den verbotenen Ingredienzien, als: Gewürz, Zwiebeln, Citronensäure, Essig und Grünem, dazu genommen werden, und hat daher jede der Küche vorstehende Person darauf zu sehen, daß auch ohne diese Zuthaten der Fisch gut und schmackhaft bereitet wird.

Fünfter Abschnitt.
Von der Zubereitung verschiedener Gemüse.

---

74. Spargel.

Wenn der Spargel recht rein von der äußern Haut befreit und abgeschabt ist, so wird er in beliebige Büschel gebunden, und in eine Kasserolle mit kochendem und gehörig gesalzenem Wasser gelegt und gekocht, bis er weich ist. Ist der Spargel alt und hart, dann setzt man ihn nur mit kaltem Wasser auf, sonst verliert er die angenehme Süße. Wenn er weich ist, so nimmt man ihn aus dem Wasser, legt ihn in einer runden Schüssel rund herum, giebt mit einem Löffel nur ganz wenig von dem Spargelwasser darauf, bestreut ihn mit ein wenig Zucker, und giebt geschmolzene Butter dazu. Mit holländischer Sauce nach Nr. 37. oder einer Sahnensauce wird er auch sehr häufig gegeben.

75. Spar=

75. Spargel mit Mohrrüben.

Hierzu nimmt man gewöhnlich den dünnen Spargel, reinigt ihn von der harten Haut, schneidet denselben in kleine Stücke, und setzt ihn mit Wasser, einem kleinen Stückchen Butter und etwas Zucker, so wie einer Prise Salz, zum Feuer und läßt ihn weich kochen. Während dessen kocht man die Mohrrüben. Man schneidet dieselben in kleine Streifen, oder wenn es ganz junge sind, nur in vier Theile, setzt Butter, Wasser und Zucker in einer Kasserolle auf das Feuer, und wenn es kocht, wirft man die Mohrrüben hinein, und läßt sie zugedeckt gar kochen. Wenn dieses geschehen und der Spargel auch weich ist, so giebt man denselben zu den Mohrrüben, schüttelt alles gehörig durch einander, thut geriebene Semmel, so viel als nöthig ist, daran, und läßt es mit einander kochen, bis die Semmel zertheilt ist. Man kann gebratene Hühner, Coteletten oder Bouletten dazu geben.

76. Spargel mit Kalbfleisch.

Man nimmt von einer Kalbsbrust eben solche Stücke wie zu einem Frikassee, setzt sie, nachdem man dieselben blanchirt hat, in einer Kasserolle mit Wasser und dem gehörigen Salze auf. Wenn es ganz rein abgeschäumt ist, giebt man den in kleine Stücken geschnittenen Spargel hinzu, läßt Beides

C

mit einander weich kochen, und bereitet zuletzt etwas Mehl in einem Stück Butter weiß und legirt die Brühe von dem Fleische damit, daß sie so dick wie eine Frikasseesauce wird. Nun läßt man es noch ein wenig mit einander durchkochen, und giebt es dann zu Tische. Sehr gut schmecken die, in Nr. 18. beschriebenen, Griesklößchen dazu, welche aber in Wasser oder in der Suppenbrühe wenigstens 1 Stunde lang kochen müssen. Zuerst legt man das Fleisch, alsdann die Klößchen auf die Schüssel und giebt den Spargel darüber. Mit Hühnern, Tauben oder Rindfleisch kann man dieselbe Schüssel machen.

77. Spargel mit einem bairischen Eierplatz.

Man schneidet 4 Milchbrote, das Stück zu 4 Pfennige, in recht feine Schnittchen, quirlt dann 8 Eier mit Salz und einem Viertelquart Milch zusammen, und weicht die Schnittchen unter öfterem Umwenden 1 Stunde lang darin ein, wobei die Scheiben aber ganz bleiben müssen. Dann erhitzt man Butter in einer Kasserolle, thut die geweichten Milchbrote dazu, drückt sie mit dem Löffel ein wenig zusammen und backt sie langsam auf Kohlenfeuer. Sobald derselbe beim Rütteln der Kasserolle raschelt, stülpt man ihn auf einen Teller, thut von neuem Butter in die Kasserolle, und

bäckt ihn auf der anderen Seite unter öfterem
Schütteln eben so aus. Dann wird er in eine
tiefe Schüssel oder Assiette gethan, der Spargel,
den man, wie vorher gezeigt wurde, in gutem
Bouillon gekocht, und mit in Butter weiß geschwitz-
tem Mehl sämig gemacht hat, darüber gegeben, ungefähr eine Viertelstunde stehen gelassen und dann
aufgetragen.

78. Spinat.

Nachdem der Spinat rein verlesen und gewaschen ist, wird er mit kochendem Wasser, welches
gut gesalzen ist, damit er die schöne grüne Farbe
behält, abgebrüht, in einen Durchschlag gethan
und mit diesem wiederholt in einen Eimer mit kaltem Wasser getaucht, um den darin noch befindlichen Sand zu entfernen. Dann drückt man ihn
mit den Händen fest aus und wiegt ihn ganz fein.
Nun thut man Butter oder reines Fett in eine
Kasserolle, schwitzt Mehl schön hellgelb darin, füllt
es mit klarer Brühe oder auch nur mit Wasser
auf, läßt dasselbe ankochen, thut den Spinat dazu
und kocht ihn völlig gar. Sollte er zu dünn
seyn, so kann mit etwas geriebener Semmel nachgeholfen werden; vorzüglich muß er gut gesalzen
seyn, da er sonst immer nüchtern schmeckt.

79. Spinat auf andere Art bereitet.

Wenn der Spinat ganz fein gehackt ist, wird er mit gutem Bouillon aufgesetzt, 2—3 Sardellen recht fein gewiegt und hinzu gethan. Kurz vor dem Anrichten wird er mit einigen Eidottern abgerührt, um ihm die gehörige Dicke zu geben, worauf man ihn noch etwas ziehen läßt.

80. Mohrrüben.

Wenn man die Mohrrüben geschabt hat, so wäscht man sie und schneidet sie dann in so kleine Stücke, wie es Jedem beliebt. Es ist nicht so gut, wenn man sie geschnitten wäscht, weil dadurch der beim Schneiden hervorgedrungene Saft verloren geht. Nun setze man in einer Kasserolle Wasser, Butter, Zucker und etwas Salz auf das Feuer, schütte, wenn es kocht, nach und nach die Rüben hinein, und lasse sie, gut verdeckt, bei gelindem Feuer weich und kurz einkochen. Eine Viertelstunde vor dem Anrichten wird nach Gutdünken geriebene Semmel dazu gethan, und die Rüben gekostet, um zu sehen, ob vielleicht von den angeführten Zuthaten noch etwas hinzugegeben werden müsse. Auch kann man statt der Petersilie etwas fein gewiegten Salat dazu thun, und die Rüben nur einigemal damit herumschwenken; es sieht besser aus und schmeckt auch nicht unangenehm.

81. Mohrrüben mit Schoten.

Bei diesen verfährt man ganz auf die nämliche Weise, nur daß die ausgehülf'ten Schotenkörner zugleich mit den Rüben aufgesetzt, und öfters umgeschwenkt werden müssen, indem sie sich leicht am Boden festsetzen und dadurch einen bittern Geschmack erhalten. Es wird etwas geriebene Semmel dazu gethan und sie vollends gar gekocht. Viele glauben, daß die mit Bouillon gekochten Gemüse besser schmecken. Dieses ist aber bei solchen, welchen etwas Zucker beigegeben wird, nicht der Fall; es verliert sich vielmehr das Angenehme der Schoten, so wie der Rüben, und der Geschmack wird strenge. Bei vielen anderen Gemüsen ist der Bouillon sehr gut, und ich werde genau angeben, bei welchen man ihn anwenden muß.

82. Schoten.

Nachdem die Schoten ausgebrochen und gewaschen sind, werden sie gleichfalls mit Wasser, Butter und Zucker aufgesetzt, eine Prise Salz hinzugethan, und so gar gekocht. Kurz vor dem Anrichten wird etwas fein gewiegter Salat hinzugethan, und nach Verhältniß der Schoten, zu einer Metze ungefähr 2—3 Eidotter, mit einem halben Eßlöffel voll Mehl und etwas kaltem Wasser recht klar abgequirlt, zu den Schoten gegeben.

Man muß sie dann noch ein wenig damit ziehen laſſen, (ja nicht kochen), damit Eier und Mehl nicht roh ſchmecken, und darauf gleich zu Tiſche geben. Man kann aber die Schoten auch nur, wie Nr. 80. gezeigt wurde, mit Semmel kochen. Auch ein wenig ſüße Sahne, mit Mehl abgezogen und zuletzt dazu gethan, ſchmeckt angenehm.

83. Schneidebohnen.

Wenn die Bohnen abgehäutet und recht fein geſchnitten ſind, ſo werden ſie in kochendes Waſſer, welches man etwas geſalzen hat, damit ſie ſchön grün bleiben, gethan und etwas verwellt. Unterdeſſen ſetzt man Waſſer mit Butter, Zucker und ein wenig Salz auf und läßt es kochen, thut die wohl abgelaufenen Bohnen hinein und kocht ſie weich. Zuletzt giebt man geriebene Semmel, oder auch etwas Mehl mit Waſſer abgerührt, dazu, nimmt ſich aber in Acht, daß ſie nicht anbrennen, und läßt ſie noch ein wenig ziehn.

84. Schneidebohnen mit Milch.

Dieſe werden auf die nämliche Weiſe geſchnitten und verwellt, wie oben gezeigt wurde. Dann kommen ſie in kochende Milch, wozu ein Stück Butter und etwas Salz gegeben iſt, und müſſen bei gelindem Feuer oder auf Kohlen gar kochen. Zuletzt kommt etwas Mehl, mit Sahne oder Milch abgequirlt, hinzu, und wer will, kann auch ein paar Eidotter dazu nehmen.

85. Brechbohnen.

Diese schmecken am besten, wenn man sie mit Hammelfleisch kocht. Wenn die Bohnen abgezogen und ein paar Mal durchgebrochen sind, werden sie in kochendem Wasser, welches etwas gesalzen worden, beinahe ganz weich abgewellt. Unterdessen muß das Hammelfleisch so weit gekocht seyn, daß aller Schaum davon abgenommen ist, und man die Bohnen, von denen in einem Durchschlage das Wasser abgelaufen ist, dazu thun kann. Zuletzt macht man einige Löffel Mehl in guter Butter ganz gelb und rührt die Bohnenbrühe damit sämig, läßt es nun noch etwas durchkochen und giebt es zu Tische. Das Fleisch kann grillirt, oder, wenn es schön fett durchwachsen ist, mit Semmel bestreut und auf dem Roste gebraten, dazu gegeben werden.

86. Kohlrabi.

Man befreit die Kohlrabi von der dicken Schale und schneidet sie in beliebige Scheiben, streift das Grüne der Blätter von den Stengeln und läßt beides mit einander in kochendem Wasser eine kleine halbe Stunde kochen. Dann nimmt man es ab, läßt in einem Durchschlage die Blätter, mit Wasser abgespült, recht gut ablaufen, und schneidet sie

in kleine Streifen, setzt Brühe, welches auch Ham=
melbrühe seyn kann, auf, und wenn solche kocht,
giebt man die abgebrühten Kohlrabi dazu und kocht
sie gar. Zuletzt wird geriebenes Milchbrot, oder
etwas Mehl in Butter weiß geschwitzt, dazu ge=
than, auch wenn es beliebt, etwas Zucker. Da
die Kohlrabi etwas Fett haben will, so kann man
immer noch ein Stückchen Butter mit kochen. Man
darf nur zuletzt, bevor man es zu Tische bringt,
alles Fette davon abschöpfen.

87. Gefüllte Kohlrabi.

Zu diesen nimmt man ganz große, aber doch
noch junge Kohlrabi, schneidet alles Häutige und
Holzichte davon und oben einen etwas starken Dek=
kel ab. Dann höhlt man mit einem Messer die
Kohlrabi recht vorsichtig aus, so daß sie nicht ent=
zwei bricht oder Schnitte bekommt, und verwellt
sie nun eine Viertelstunde in kochendem und gut ge=
salzenem Wasser. Unterdessen macht man folgende
Farce: Man reibt 4 Loth Butter zu Sahne, thut
nach und nach 3 Eidotter, dann den Schnee von
den 3 Eiern, etwas fein gewiegtes Fleisch von kal=
tem Braten, welcher es auch sey, und zuletzt so
viel Semmel, als ein leichter Kloßteig verträgt,
nebst etwas Salz dazu. Dann nimmt man die Kohl=
rabi aus dem Wasser, läßt sie abkühlen und füllt
sie mit jener Masse aus; doch nicht zu voll, in=

dem das Füllsel aufquillt, legt den Deckel darauf,
bindet sie über's Kreuz mit reinen Fäden, setzt sie
nun in recht guter fetter Brühe auf und kocht sie
so lange, bis sie sich ganz weich stechen; dann wer=
den sie auf eine Schüssel herum gelegt und wohl
zugedeckt auf heißen Dampf gesetzt, damit sie nicht
kalt werden. Nun rührt man einen guten Löffel
voll Mehl mit einem Stücke Butter und 4 Eidot=
tern, nebst der Brühe, worin die Kohlrabi gekocht
haben, zur dicken Sauce, läßt sie gehörig auszko=
chen, giebt sie über die Kohlrabi und dann gleich
damit zu Tische.

88. Artischocken mit Kälbermilch gefüllt.

Man schneidet unten am Boden das Grüne
und an den Blättern die Spitzen weg, setzt die Ar=
tischocken in kochendes Wasser, welches man ge=
hörig gesalzen hat, und läßt sie so lange kochen, bis
man die innersten Blätter leicht heraus ziehen kann.
Dann nimmt man die Artischocke in die eine Hand
und faßt mit der andern die innersten Blätter,
dreht sie herum und heraus, macht mit einem klei=
nen Löffel das Haarige davon, spült sie mit Was=
ser rein aus und legt sie umgewendet in einen
Durchschlag, damit alles Wasser davon abläuft.
Man nimmt nun ein paar Kälbermilch, etwas rein
und weich gekochte und fein geschnittene Morcheln,
etwas Leber vom Hecht oder jungem Federvieh,

hackt es fein, legt es in die Artischocken, und läßt
sie in der Nr. 87. gezeigten Sauce noch etwas ziehn.

89. Blumenkohl.

Bei diesem muß man sich beim Verlesen und
Reinigen so viel wie möglich in Acht nehmen, daß
man die schönen Blumen nicht zerbröckelt und doch
die Häutchen und Blätter alle davon wegnimmt.
Nun wird der Kohl behutsam in kochendes Wasser,
welches gehörig gesalzen ist, gelegt und eine Viertelstunde lang verwellt, vom Feuer weg genommen
und noch eine Zeit lang in diesem Wasser gelassen,
dann aus dem Wasser genommen, in eine Assiette
gelegt, so daß die Blumen alle nach unten und an
die Seite kommen, die Stiele aber nach innen.
Hierauf stülpt man die Schüssel, auf welcher man
den Blumenkohl zu Tische bringen will, auf die
Assiette, kehrt sie schnell um, und nimmt letztere behutsam hinweg, damit man den Blumenkohl, welcher nun wie eine ganze Staude aussieht, nicht ein-
reißt, und giebt die nach Nr. 37. bereitete holländische Sauce, welche mit etwas Wasser vom
Blumenkohl gekocht wird, darüber.

90. Blumenkohl mit jungen Tauben.

Man reinigt den Blumenkohl, wie eben gezeigt wurde, verwellt ihn etwas, doch ja nicht
weich. Unterdessen kocht man die Tauben, welche

in Viertel geschnitten, mit kaltem Wasser und einem Stücke Butter zum Feuer gesetzt worden, an, legt den Blumenkohl später dazu, läßt Beides gar kochen und nimmt es dann heraus. Nun bereitet man die Nr. 14. angegebene Semmel, oder Nr. 18. angezeigten Grießklößchen, legirt zuletzt die Brühe mit einigen Eibottern und giebt sie über die Tauben und den Blumenkohl auf die Schüssel.

91. Weißkohl.

Man befreit den Weißkohl von den schlechten äußeren Blättern, schneidet ihn in Viertel und legt ihn in eine tiefe Schüssel. Nun macht man Wasser, worein etwas Salz gethan worden, kochend, und gießt es über den Kohl, den man nun, wohl zugedeckt, wenigstens 1 Stunde stehen läßt. Dann wird er in einen Durchschlag gelegt und immer noch mit kochendem Wasser nachgespült. Wenn er ganz abgelaufen ist, wird er in einer Kasserolle rangirt, immer ein Viertel neben dem andern, recht guter Bouillon, und wenn er nicht fett genug ist, noch ein Stückchen Butter nebst etwas Zucker daran gegeben, und nun auf gelindem Feuer ganz weich und kurz gekocht. Vor dem Anrichten macht man geriebenes Milchbrot in Butter recht schön gelb, stülpt den Kohl auf die Schüssel und streut das gebratene Milchbrot oben darüber, worauf er

zu Tische gegeben wird. Grillirtes Hammelfleisch
dazu gegeben, ist er ein recht schönes Gericht.

92. Gefüllter Kohlkopf.

Man nimmt von einem Kohlkopfe die äußer=
sten größten Blätter hinweg, schneidet die dicken
Rippen mit einem Messer ganz flach weg, doch so,
daß es keine Löcher giebt, legt sie in eine Schüssel,
gießt kochendes Wasser dazu und läßt sie wohl zu=
gedeckt stehen. Nun nimmt man die übrigen Kohl=
blätter, verwellt dieselben ein wenig und wiegt sie
ganz fein, läßt Butter heiß werden und dämpft
den gehackten Kohl, bis er beinahe genießbar ist.
Nun nimmt man Fleischreste entweder von übrigge=
bliebenem Kalbs=, oder besser von Hammelbraten,
hackt dasselbe (ungefähr 1 Pfund) recht fein, thut
es zu dem Kohl und schwitzt es zusammen noch ein
wenig durch. Dann kommt es in eine Schüssel,
und wenn es etwas abgekühlt ist, giebt man 2
gute Hände voll geriebener Semmel, 4 Eier und
1 Tassenkopf voll Milch, nebst dem nöthigen Salze
dazu, rührt Alles recht gut durch und kostet dieses
Füllsel, ob es auch mit Salz recht getroffen ist.
Nun werden in einer runden Form (am besten eine
irbene) einige kleine Stäbchen kreuz und quer ge=
legt, und eben so lange Fäden, welche aber über die
Form heraushängen müssen; nun legt man die ab=
gelaufenen Kohlblätter hinein, doch so, daß keine

Lücke offen bleibt, streicht mit einem Löffel die Farce darauf, bedeckt sie wieder mit Kohlblättern, und faßt nun die Fäden alle in der Mitte zusammen, befestiget sie durch einen Knoten, und legt diesen nun wieder formirten Kohlkopf noch einmal heraus; thut erst ganz rein abgeklärte Schmelzbutter mit etwas Zucker in die Form, läßt es ganz heiß werden und legt dann den Kohlkopf auf die Stäbchen. So wird er in einen heißen Bratofen gesetzt oder zwischen oben und unten Kohlen einmal umgewendet; wenn die Sauce zu kurz ist, wird Bouillon zugegossen. Zwei bis 3 Stunden muß er langsam dämpfen. Wenn er gar ist, wird die Sauce mit etwas braunem Mehl und Bouillon verlängert, auch, wenn es nöthig ist, noch etwas Zucker dazu gethan; denn etwas Zucker muß dabei zu schmecken seyn. Die Fäden werden dann alle weggeschnitten, etwas Sauce darauf gefüllt, die übrige aber in einer Sauciere besonders gegeben.

93. Gefüllter Kopfsalat.

Dazu müssen ganz große und feste Köpfe Salat genommen werden. Man putzt die äußeren schlechten Blätter weg und wirft die reinen Köpfe in einen Kessel mit kochendem Wasser, welches vorher gesalzen ist; darin läßt man sie nur ein paar Wellen schlagen. Hierauf müssen sie schnell in kaltes Wasser gelegt werden, und dann auf ein Sieb, damit sie ganz ablaufen können. Unterdessen macht man eine leichte Farce, legt den Salat auf einen Tisch und öffnet mit der größten Vorsicht die Blätter bis auf die innersten, giebt mit einem Löffel zwischen jedes derselben etwas Farce, drückt den Salat wieder fest in seine natürliche Form und legt denselben in eine Kasserolle dicht und fest, einen Kopf neben den andern, gießt fetten Bouillon dazu und läßt ihn gar dämpfen. Nun nimmt man einige Eidotter, 1 Löffel Mehl und etwas Sahne, rührt dieses schön glatt, quirlt die Salatsauce damit an, läßt es noch etwas ziehn und giebt es dann über die gefüllten Salatköpfe.

94. Gefüllte Gurken.

Zu dieser Art Gemüse nimmt man dicke kurze Gurken, schält sie recht rein ab, damit ja nichts Grünes daran bleibt, und schneidet sie der Länge nach gerade in der Mitte durch, nimmt mit einem silbernen Löffel die Kerne sauber heraus und läßt die Gurken in kochendem Wasser ein wenig aufwallen. Dann nimmt man sie mit einem Schaumlöffel recht behutsam heraus, damit sie nicht entzwei gehen, und legt sie auf ein reines Tuch, damit alles Wasser davon kommt. Unterdessen nimmt man 3 Hände voll geriebenes Milchbrot, eine ganz kleine Hand voll Mehl, fein gestoßene Mandeln, ein wenig auf Zucker abgeriebene Citronenschale, ein we-

nig kleine Rosinen, 3 Eßlöffel voll Sahne und so
viele Eier, als nöthig sind, um eine feine Farce
zu verfertigen, auch gehörig Zucker. Mit diesem
füllt man nun die Gurken auf beiden Seiten, paßt
sie genau wieder zusammen und umwickelt sie mit
Fäden, läßt in einer Kasserolle Wasser mit etwas
gutem Wein und Zucker kochend werden, legt die
Gurken hinein und kocht sie darin weich. Dann
werden sie herausgenommen, die Sauce mit einigen Eidottern und so viel Kartoffelmehl, als
zu einer sämigen Sauce nöthig ist, abgequirlt, und
wenn es noch etwas gezogen hat, über die Gurken, welche man von den Fäden befreit hat, gegeben.

95. Gurken auf eine andere Art.

Man schält die Gurken, höhlt sie auf eben be-
schriebene Weise aus und schneidet kleine viereckige
Stückchen daraus, läßt in einer Kasserolle Butter
heiß werden, thut die Gurkenstückchen, nachdem sie etwas gesalzen sind, hinein und schmort sie weich.
Sollten sie nicht hinreichende Sauce haben, so giebt
man etwas Bouillon darauf. Beim Anrichten wird
die Sauce mit einigen Eidottern und ein klein wenig Mehl abgezogen, die Gurken darin geschwenkt
und dann zu Tische gegeben.

96. Wirsigkohl.

Man kann den Wirsigkohl entweder in Viertel schneiden, oder denselben aus einander machen und jedes einzelne Blatt vom Stengel abschneiden, dann verwellt man ihn in kochendem gut gesalzenem Wasser, gießt dasselbe ab, spült mit kaltem Wasser nach und brückt den Kohl fest aus. Unterdeß setzt man guten Bouillon mit Butter oder auch mit Fett und Jus von Braten, auf das Feuer, thut, wenn dieses kocht, den Wirsigkohl und ganz zuletzt etwas geriebene Semmel hinein, und läßt ihn ganz kurz einkochen.

97. Wirsigkohl auf eine andere Art.

Wenn derselbe auf die oben angeführte Weise abgebrüht und recht fest ausgebrückt ist, wird er fein gewiegt und in gutem Bouillon gar gekocht. Eine Viertelstunde vor dem Anrichten macht man geriebenes Milchbrot in Butter recht schön dunkel-gelb, thut es zum Kohl, läßt es noch etwas mit-kochen, und richtet ihn zum Rindfleisch an.

98. Weiße Rüben.

Wenn die Rüben recht rein geschabt sind, wer-den sie mit lauwarmen Wasser gewaschen, und so-gleich in eine Kasserolle, worin Wasser mit einem Stücke harten Zucker kocht, gethan und 10—15

Minuten darin aufgewellt. Unterdessen muß man in einer anderen Kasserolle die Brühe oder Wasser mit Butter und Zucker aufkochen lassen, die Rüben mit einem löchrigen Löffel, nach und nach, gut abgelaufen, hinein legen, und darin gar kochen. Ganz zuletzt thut man braunes Mehl, und wenn man die Brühe recht dunkel haben will, auch etwas braun gebrannten Zucker dazu. Salz darf man nur wenig daran thun, indem zu viel unangenehm schmeckt.

99. Weiße Rüben mit Hecht.

Hierzu nimmt man die Rüben nicht zu klein, damit man runde Scheibchen davon schneiden kann, und kocht sie auf die nämliche Weise, wie vorher gezeigt. Der Hecht wird gut abgeschuppt, in Stücke geschnitten, und mit Wasser und Butter gar gekocht. Dann rangirt man ihn auf eine Schüssel, giebt die Rüben darüber, und läßt es, gut zugedeckt, auf Kohlen noch etwas ziehen. Alle Arten Rüben, als Erd- oder Kohlrüben, Wasserrüben und die kleinen schwarzen Steckrüben, können auf diese Art, oder auch mit Fleisch, gekocht werden.

100. Rother Kohl mit Pflaumen.

Ein großer oder zwei kleine Kohlköpfe werden so fein wie zu einem Salat geschnitten und in kochendem Wasser eine Viertelstunde gut verwellt, dann auf einen Durchschlag gelegt und ablaufen gelassen.

Nun wird der Kohl in eine Kasserolle, worin recht frische Butter oder Bratenfett heiß gemacht ist, gethan
und gedämpft. Nachdem man von einer halben Metze
frischer Pflaumen die Haut abgezogen und die Steine
ausgenommen hat, thut man das Fleisch derselben
zum Kohl, giebt ein Glas guten Wein nebst dem
nöthigen Zucker darauf, und läßt es recht weich
und kurz kochen. Zu gebratenem Hasen, oder zu
grillirtem Hirschfleisch schmeckt es am besten. Man
kann auch statt der Pflaumen, wenn solche nicht
mehr zu haben sind, Aepfel nehmen, welche abgeschält und in feine Scheiben zum Kohl geschnitten
werden.

101. Sauerkohl.

Der Sauerkohl muß recht frisch und noch ganz
weinsauer seyn. Er wird mit Wasser und abge-
schöpftem Fett von Rindfleisch aufgesetzt und weich
gekocht. Abgeschälte Aepfel, ein wenig Wein und
Zucker geben dem Kohl einen sehr angenehmen Geschmack. Er darf jedoch nur mit besonderer Erlaubniß des Arztes gegessen werden. Mit fettem Rindfleisch und zuletzt mit etwas in Butter geröstetem
Mehl kann man ihn gleichfalls kochen.

102. Grünkohl.

Man streift die Blätter von den Stengeln ab,
wäscht jene recht rein und verwellt sie in kochen-

dem, gut gesalzenem Wasser weich. Dann thut man den Kohl in einen Durchschlag, spült ihn mit frischem Wasser ab, drückt ihn mit den Händen recht fest aus und wiegt ihn auf einem Hackbrett recht fein. Unterdessen macht man recht guten fetten Bouillon in einer Kasserolle kochend, thut den gewiegten Kohl hinein, röstet Mehl braun und rührt es nebst etwas Zucker zum Kohl. Auch kocht man Kastanien in Wasser weich, schält sie ab, und giebt sie dazu. In Ermangelung derselben bedient man sich auch der kleinen Zuckerkartoffeln, welche, wenn sie gekocht und geschält sind, in einer eisernen Pfanne mit Butter und Zucker recht schön braun glacirt werden.

103. Kleine Kartoffeln mit Hering.

Man kocht kleine Zuckerkartoffeln auf die gewöhnliche Weise gar. Unterdessen hackt man einen Hering, welcher vorher rein gewaschen und abgehäutet ist und etwa 1 Stunde in süßer Milch gelegen hat, recht fein, und schwitzt denselben in Butter auf, giebt etwas Sahne, und später die abgeschälten Kartoffeln hinzu, schwenkt sie gehörig damit durch, läßt sie ziehen, doch so, daß sie nicht trocken werden, und servirt sie zum Rindfleisch.

Sechster Abschnitt.

Von der Zubereitung verschiedener Puddings und Mehlspeisen.

104. Semmel-Pudding.

Man reibt von 6 Milchbroten, das Stück zu 4 Pfennige, die äußere Rinde ab, schneidet die Krume in feine Scheibchen, und legt sie in eine Schüssel mit breitem Boden. Nun kocht man ein halbes Quart gute Milch, worein 4 Loth Butter, nebst eben so viel Zucker gethan worden, und gießt es über die geschnittenen Milchbrote, deckt sie gut zu und läßt es vollkommen erkalten. Unterdessen rührt man noch 4 Loth Butter zu Sahne, schlägt nach und nach 9 Eidotter dazu, so wie ein Viertelpfund Zucker nebst etwas abgeriebener Citronenschale, 4 Loth abgeschälter und ganz fein gestoßener süßer Mandeln, ein Viertelpfund halb großer, halb kleiner Rosinen, das angebrühte Milchbrot, und ganz zuletzt den Schnee der 9 Eier. Wenn nun Alles gehörig durchgerührt ist, so wird diese Masse entweder in einer Serviette, welche man gut mit Butter geschmiert hat, oder in einer Pudding-form 1½ Stunden gekocht, und mit einer der Obst- oder Milchsaucen zu Tische gegeben.

105. Brot-Pudding.

Zwölf Loth geriebenes Schwarzbrot röstet man auf Papier in dem Ofen, oder auf einem warmen Blech, damit es so hart wird, daß man es so fein wie Mehl stoßen kann. Nun werden 12 Loth Zucker, worauf etwas Citronenschale abgerieben wurde, gleichfalls fein gestoßen und mit 12 Eidot-tern recht leicht gerührt, dann das Brot und 4 Loth fein gestoßene süße Mandeln, nebst dem Schnee von den 12 Eiweiß dazu gerührt, Alles in eine wohl ausgeschmierte Form gethan und 2 Stunden in Wasser gekocht.

106. Schwemm-Pudding.

Zu diesem Pudding gehören folgende Ingre-dienzien, als:

13 Loth Mehl,
13 Loth Zucker,
13 Loth Butter,
15 Eier,
½ Quart Milch und der
vierte Theil einer Citronenschale.

Dieses Alles wird auf folgende Weise behandelt:
Man läßt die Hälfte der Milch mit der Hälfte
Butter und der Hälfte Zucker kochen. Unterdessen
quirlt man die eine Hälfte Mehl mit der übrigen Milch
recht glatt ab. Wenn nun die erstere Milch kocht,
so gießt man diese Mehlmilch hinzu, und läßt unter beständigem Rühren den Teig so abtrocknen,
daß er ganz steif ist und sich von der Kasserolle ab-
löf't. Nun wird die übrige Butter zu Sahne gerührt, der Zucker und die Citronenschale dazu gethan, und nach und nach immer 1 Eidotter und
1 Löffel voll von dem abgebrühten Teige mit der
Reibekeule dazu gerieben, bis es alle ist. Der Teig
muß ganz kalt seyn. Zuletzt kommt der Schnee von
den 15 Eiern dazu, und Alles gleich in die Form,
welches eine Pfund große seyn muß; nun wird es in
kochendes Wasser gesetzt, wo es 2 Stunden unaus-
gesetzt und von allen Seiten kochen muß. Dieser
Pudding ist dem Biscuit gleich. Man kann eine
Sauce von 1 Quart Milch, etwas Mehl, dem
Gelben von 8 Eiern, Zucker, etwas Citronenschale
und ungefähr 8 — 10 recht fein gestoßene Mandeln dazu geben.

107. Pudding von Reißmehl.

Man kocht 1 Pfund Reißmehl in 1 Quart
Milch, worin ½ Pfund Butter mit gekocht ist,
ebenfalls, wie bei dem vorigen gezeigt wurde, zum

steifen Teig; dann reibt man ½ Pfund Zucker mit dem Gelben von 24 Eiern nebst der auf Zucker abgeriebenen Citronenschale zu der erkalteten Masse; ganz zuletzt wird der Schnee von den 24 Eiern gleich in die Form gefüllt und Alles 2 Stunden gekocht. Die Sauce kann man nach Belieben dazu geben.

108. Rosinen-Pudding.

Man läßt ¼ Pfund Butter, die man vorher recht rein abgeklärt und von allem Salz und aller Unreinigkeit befreit hat, in einer Kasserolle heiß werden, rührt 10 Loth geriebenes Milchbrot dazu, und nachdem es etwas durchgeschwitzt hat, jedoch nicht gelb geworden ist, gießt man unter beständigem Rühren ½ Quart Milch, welche vorher gekocht hat, dazu, läßt es gehörig aufkochen und setzt es dann dem Erkalten aus. Nun werden ungefähr 2 Loth süßer Mandeln abgeschält, ganz fein gestoßen und nebst 6 Loth fein gesiebten Zucker, dem Gelben von 10 Eiern zu dem Semmelbrei gerührt, zuletzt der Schnee der 10 Eier und ¼ Pfund kleiner Rosinen in eine Form oder Serviette gethan und 1 Stunde gekocht.

109. Pudding von Sago.

Wenn man 1 Pfund Sago gereinigt und mehrere Male mit kochendem Wasser abgebrüht hat, wird er in 1 Quart Milch unter beständi-

gem Rühren, damit er nicht teigig werde oder sich
anlege, recht dick gekocht und dann zum Verküh-
len weg gesetzt. Nun reibt man ½ Pfund Butter
zu Sahne, giebt 15 Eidotter, ½ Pfund Zucker, etwas auf demselben abgeriebene Citronenschale, eine
Hand voll geriebenen Milchbrotes und zuletzt den
Schnee der 15 Eier hinzu, giebt es in die Form
und läßt es 2 Stunden kochen. Mit einer Obstsauce wird er zu Tische gegeben.

110. Fisch-Pudding.

Man reibt ½ Pfund Butter zu Sahne, thut
das Gelbe von 12 Eiern, etwas Citronenschale dazu, reibt ungefähr 6 Milchbrote, giebt, wenn es zu
dick seyn sollte, ein wenig Sahne dazu und ganz zuletzt den Schnee von den 12 Eiern und einen 2 Pfund
schweren, in Salzwasser abgekochten und in kleine
Blätter zerlegten Hecht, salzt es gehörig und läßt
den Pudding 2 volle Stunden kochen, worauf man
ihn mit einer feinen Sardellensauce zu Tische giebt.

111. Gebackener Pudding.

Man reibt von 4 Milchbroten die äußere
Rinde ab und weicht die Krume in Milch ein.
Dann rührt man ½ Pfund Butter mit 8 Eidottern ab, drückt die Milchbrote fest aus und rührt
sie auch dazu, nebst 2 Loth fein gestoßenen Mandeln, etwas Citronenschale, ¼ Pfund fein gesiebten
Zuck-

Zuckers und ¼ Pfund kleiner Rosinen, schlägt das Weiße der 8 Eier zu Schnee, rührt es zuletzt dazu, füllt das Ganze in eine Mehlspeisenform und läßt es in einer Stunde gar backen. Man kann irgend eine Obst-Sauce dazu geben.

112. Gebackener Reiß.

Man weicht 1 Pfund Reiß eine Stunde lang in kaltem Wasser ein, quirlt ihn dann mit frischem so lange, bis dasselbe ganz rein davon abläuft. Dann wird noch ein paar Mal kochendes Wasser darauf gegossen und ungefähr eine Viertelstunde lang an einer warmen Stelle gelassen. Er muß aber ja nicht kochen oder ausquellen. Nun kocht man 1 Quart recht guter Milch in einer Kafferolle, thut den Reiß in dieselbe, läßt ihn darin ganz steif kochen und dann kalt werden. Unterdessen rührt man ¼ Pfund Butter zu Sahne und nimmt ¼ Pfund gesiebten Zuckers, 4 Loth abgeschälter, fein gestoßener Mandeln, den vierten Theil einer auf Zucker abgeriebenen Citronenschale und 12 Eier, wovon das Weiße zu Schnee geschlagen worden ist, und dann den Reiß. Alles gehörig durchgerührt, wird es in einer wohl ausgeschmierten und mit Semmel bestreuten Form 1 Stunde lang in einem wohl ausgeheizten Ofen gebacken und mit einer beliebigen Sauce gegeben. Man kann statt des gan-

D

zen Reißes auch Reißgries nehmen, wobei man das Reinigen desselben erspart.

113. Reiß mit Aepfeln.

Man wäscht und reinigt den Reiß, wie eben gezeigt wurde; dann wird er, wenn es 1 Pfund ist, mit ½ Pfund Butter und ¼ Pfund Zucker dick gekocht. Wenn er die Hälfte der Zeit gekocht hat, so wird ½ Metze Borsdorfer Aepfel abgeschält, jeder in 8 Stückchen zerschnitten und zu dem Reiß gethan, etwas auf Zucker abgeriebene Citronenschale und zuletzt ein Glas guter Wein, welcher nicht allzu sauer ist, darauf gegeben. Nun läßt man ihn noch etwas durchziehen, richtet ihn dann auf einer flachen Schüssel an, bestreut ihn dick mit Zucker und geht mit einer glühenden Schaufel darüber, damit er ein gutes Ansehen bekommt.

114. Reiß mit Aepfeln auf andre Art.

Man kocht 1 Pfund gereinigten Reiß in 1 Quart Milch und ¼ Pfund Zucker ganz dick, und eben so kocht man von 1 Metze Aepfel ein recht dickes Muß, zu welchem man Citronenschale, kleine Rosinen und den nöthigen Zucker thut. Nun schmiert man eine Mehlspeisenform mit Butter aus, bestreut sie mit geriebenem Biscuit, rührt zu dem Reiß das Gelbe von 6 Eiern, und legt auf den Boden der Form eine Lage von dem Reiß, dann eine von dem Aepfelmuß, und fährt damit fort, bis beides auf diese Weise verbraucht ist. Zuletzt schlägt man das Weiße der 6 Eier zu steifem Schnee, legt ihn über den Reiß, bestreut ihn dicht mit Zucker, setzt denselben nun in einen wohl aus= geheizten Ofen und läßt ihn recht schön gelb backen.

115. Milchreiß.

Man reiniget den Reiß, wie gewöhnlich, und kocht 1 Pfund davon mit 2 Quart Milch und $\frac{1}{4}$ Pfund Butter gar, worauf man ihn auf einer fla= chen Schüssel mit Zucker bestreut. Hierzu kann man feines Pflaumen= oder süßes Kirschmuß, wohl verdünnt und aufgekocht, geben, auch Coteletten oder andere Fleischarten können dazu gegessen werden.

116. Reiß mit Parmesankäse.

Wenn der Reiß gehörig gewaschen und abge= brüht ist, setzt man ihn mit kochendem Wasser und einem Stücke Butter zum Feuer und läßt ihn aus= quellen. Gewöhnlich kocht man zu dieser Art Reiß alte Hühner. Wenn der Reiß nun anfängt dick zu werden, so giebt man immer etwas Hühner= Bouillon zu und kocht ihn so gar, aber ja nicht zu dünn. Dann werden die Hühner tranchirt, auf einer Schüssel geordnet, der Reiß darüber gethan, etwas von der fetten Hühnerbrühe darauf geträu= felt, fein geriebener Parmesankäse dicht darauf ge=

streut, etwas geschmolzene Butter darüber gethan und nun Alles in einen heißen Ofen gesetzt, wo es etwas gelb werden muß. Man kann statt des Parmesan= auch Schweizer=Käse nehmen.

117. Maccaroni.

Man legt dieselben in kochendes Wasser, welches man gehörig gesalzen hat, und läßt sie darin weich kochen. Dann werden sie in einen Durchschlag gethan, damit das Wasser ganz davon abläuft. Nun wird die Schüssel, auf welcher man sie zu Tische bringt, und welches am besten eine zinnerne ist, mit ganz feiner Butter dick beschmiert, etwas Parmesankäse darauf gestreut, und dann eine Lage von den Maccaroni. Auf diese thut man etwas geschmolzene Butter, dann wieder Käse, und so fort, bis sie alle sind. Ganz zuletzt streut man den geriebenen Käse dick darauf, giebt mit einem Löffel geschmolzene Butter rund herum, und setzt sie in einen wohl ausgeheißten Ofen, bis sie oben gelb sind.

118. Gebackene Nudeln.

Man macht von 4 Eiern Nudeln, wie zu einer gewöhnlichen Suppe, nur daß man sie nicht fein, sondern einen Finger breit schneidet, läßt sie in kochendem und gesalzenem Wasser ein paar Mal aufwellen und spült sie in einem Durchschlage mit frischem Wasser recht rein ab, damit nicht so mehlige Brühe daran bleibt. Wenn sie rein abgelaufen sind, macht man einen Creme von 6 Eiern und einem halben Quart süßer Sahne, mit etwas Zucker und nur wenig auf demselben abgeriebener Citronenschale. Nun schmiert man eine Mehlspeisenform mit Butter aus, giebt eine Lage Nudeln, dann einige Löffel voll Creme, und so fort, bis zuletzt noch der Creme darüber steht, bestreut Alles noch dick mit Zucker und läßt es ½ Stunde in einem heißen Ofen aufziehn.

119. Gebackener Gries.

Man thut ¼ Pfund Wiener Gries in eine Schüssel, gießt ½ Quart kochender Milch darüber und rührt ihn so lange, bis er kalt ist. Dann rührt man die Dotter von 6 Eiern, so wie das zu Schnee geschlagene Weiße, nebst 4 Loth Zucker, eben so viel kleinen Rosinen und ein wenig auf Zucker abgeriebener Citronenschale dazu, thut es in eine gut mit Butter ausgeschmierte Mehlspeisenform und bäckt es eine kleine Stunde lang schön hellgelb in einem Ofen aus. Man kann eine Milch- oder Obstsauce dazu geben.

120. Rosinenspeise.

Das Gelbe von 6 Eiern wird mit einem Tassenkopf voll Mehl, einem halben Quart guter Milch, (beffer ift Sahne) und dem Weißen der 6 Eier, welches zu steifem Schnee geschlagen worden ift, zusammen gequirlt, und ganz zuletzt ¼ Pfund kleiner Rosinen, welche man vorher auf das sorgfältigste gereinigt hat, mit ¼ Pfund Zucker dazu gerührt. Dieses wird, in einer mit Butter ausgeschmierten Form, in einem wohl ausgeheizten Ofen schnell ausgebacken.

121. Mandelspeise.

Man reibt ¼ Pfund Butter zu Sahne, schlägt nach und nach das Gelbe von 12 Eiern und ¼ Pfund fein gesiebten Zucker dazu, nebst dem vierten Theile einer auf Zucker abgeriebenen Citronenschale, stößt ¼ Pfund süßer Mandeln mit Eiweiß ganz fein und schlägt das Uebrige der 12 Eier zu steifem Schnee, rührt es nebst einem kleinen Taffenkopfe geriebener Milchbrote dazu und läßt es schön hellgelb backen. Eine der Obstsaucen giebt man dabei zu Tische. Doch bemerke ich hierbei, daß nur dann, wenn der Arzt den Genuß der Mandeln erlaubt hat, diese Speise gegessen werden darf.

122. Chocolatenspeise.

Man rührt ¼ Pfund Butter zu Sahne und giebt nach und nach dazu 8 Eidotter, ¼ Pfund fein gesiebten Zucker, 4 Loth fein gestoßene süße Mandeln, ¼ Pfund Chocolate ohne Gewürze, welche man auf einem recht feinen Reibeisen gerieben, und zuletzt das Weiße der 8 Eier, welches zu steifem Schnee geschlagen worden ist. Dieses wird in eine mit Butter ausgeschmierte Form gethan und in einem wohl ausgeheizten Ofen gar gebacken.

123. Erdbeerenspeise.

Wenn die Erdbeeren recht reif und saftig sind, so nimmt man 1 Pfund davon in ein Haarsieb und schlägt sie durch dasselbe. Unterdessen rührt man ¼ Pfund Butter zu Sahne, schlägt das Gelbe von 8 Eiern dazu und giebt ¼ Pfund Zucker nebst zwei Händen voll gestoßenen Zwiebacks, und das Weiße der 8 Eier, zu Schnee geschlagen, dazu, füllt es in eine Form und bäckt es schnell in einem heißen Ofen.

124. Himbeerenspeise.

Es werden 8 Eidotter mit ¼ Pfund fein gesiebten Zucker, 4 Loth gestoßener süßer Mandeln und zwei Hände voll geriebenes Milchbrot recht leicht und schäumig gerührt. Dann thut man ¼ Quart süßer Sahne, das zu Schnee geschlagene Weiße der 8 Eier und einen Teller voll recht schöner Himbeeren dazu, giebt es in eine Form und zieht es im Ofen schön auf.

125. Kirschenspeise.

Hierzu bereitet man ganz den nämlichen Creme, wie zu der Himbeerspeise, nimmt dann ¼ Metze großer schwarzer Herzkirschen, macht mit einer Federspule die Steine heraus, rührt das Fleisch zu der Masse und bäckt sie im Backofen gar. Wenn man will, so kann von einer Viertelmetze schwarzer süßer Kirschen etwas Sauce gekocht und bei Tische dazu servirt werden.

126. Aprikosenspeise.

Man kocht 15 Stück Aprikosen in etwas Wasser so weich, daß man sie durch ein Haarsieb schlagen kann. Unterdessen läßt man 12 Loth Zucker in nur sehr wenig Wasser schmelzen, oder besser ist es, man nimmt den Zucker in Stücken, taucht ihn in frisches Wasser schnell hinein, und setzt ihn gleich in der Kasserolle auf Kohlenfeuer. Wenn derselbe Bläschen schlägt, thut man das Aprikosenmark hinzu, kocht es ganz steif, und setzt dasselbe an einen Ort, wo es kalt wird. Nun rühre man 6 Loth ganz frischer Butter, ohne alles Salz, zu Sahne, thue das ausgekühlte Mark nebst dem Schnee von 15 Eiern dazu, und rühre alles auf eine Seite eine ganze Stunde lang, daß es wie Schaum ist. Dann wird es in eine mit Butter ausgeschmierte Form gethan, in einem nicht

allzu heißen Ofen eine ganze Stunde langsam gebacken, und wenn es herauskommt, sogleich, mit
Zucker bestreut, zu Tische gegeben.

127. Pfirsichspeise.

Diese wird ganz auf die nämliche Art bereitet, nur daß man, wenn es der Arzt erlaubt, hiezu statt des Wassers rothen Wein nehmen kann.
Uebrigens bleibt die Behandlung so wie die Quantität ganz dieselbe wie bei den Aprikosen.

128. Weintraubenspeise.

Man rührt das Gelbe von 8 Eiern mit einem
Viertelpfund fein gesiebten Zucker recht leicht und
schäumig. Dann giebt man 4 Loth mit Eiweiß
fein gestoßener süßer Mandeln, einen Tassenkopf
voll süßer Sahne, den Schnee der 8 Eier, und
zuletzt so viel gestoßenen Zwieback hinzu, daß der
Teig die Dicke von gewöhnlichem Eierkuchenteig
erhält. Nun pflückt man recht schöne reife Beeren
von solchen Weintrauben, welche die weichsten
Schalen haben, und legt sie in eine Form, welche
mit Butter ausgeschmiert und mit geriebener Semmel bestreut ist, dicht neben und dreifach auf einander, und bäckt sie in einem heißen Ofen in einer
Stunde gar. Eine Sauce hiezu ist unnöthig. Wenn
man sie aber durchaus haben will, so kann man

dieselbe von ausgepreßten Weintrauben, Zucker und Eiern bereiten.

129. Quittenspeise.

Wenn die Quitten mit einem Tuche recht rein abgewischt sind, so setzt man sie mit kaltem Wasser in einer Kasserolle auf das Feuer, versucht sie oftmals, und wenn sie sich weich stechen, so nimmt man solche vom Feuer, schält das feine Häutchen davon ab und reibt sie auf dem Reibeisen, nehme sich aber wohl in Acht, daß nichts Steinichtes dazu kommt. Hierauf thut man das Mark in eine große Schüssel, nimmt auf 1 Pfund Quitten ¾ Pfund Zucker und rührt es mit einer großen Kelle, immer nach einer Seite, eine gute halbe Stunde lang. Wenn es nun recht schön leicht und hell ist, so giebt man den steifen Schnee von 18 Eiern und, wenn es erlaubt ist, ungefähr den vierten Theil von einer Citronenschale, auf Zucker abgerieben, dazu, mengt alles wohl unter einander, thut es in eine Form, und läßt es langsam backen.

130. Hagebuttenspeise.

Hiezu nimmt man recht reife frische Hagebutten und setzt sie, nachdem sie von den Steinen und Haaren gereinigt sind, in einer Porzellan- oder Steinschüssel in den Keller, wo man sie täglich umrührt und so lange stehen läßt, bis sie anfangen, weich zu werden, so daß man sie durch ein feines Sieb treiben kann. Uebrigens verfährt man damit ganz auf dieselbe Art, wie bei der Quittenspeise gezeigt wurde, nur daß man hier so viel Zukker als Hagebuttenmark nimmt.

131. Pflaumenspeise.

Recht große reife Pflaumen werden in kochendes Wasser gelegt, aber nur so lange darin gelassen, bis man die Schale davon abziehen kann. Dann nimmt man sie heraus, schält sie und drückt die Steine heraus, legt die Pflaumen auf eine flache Schüssel, bestreut sie dick mit Zucker, und läßt sie so mehrere Stunden liegen. Nun erst rangirt man sie in eine wohl ausgeschmierte und mit Semmel bestreute Form dicht über einander, so daß dieselbe über die Hälfte davon voll wird, dann macht man die Creme von 9 Eiern, 1½ Taffenkopf Mehl, einem halben Quart Milch, 2 Loth fein gestoßener Mandeln und Zucker nach Gutdünken, giebt es darüber und bäckt es in einer Stunde gar. Dann wird Alles noch recht dick mit Zucker bestreut und warm zu Tische gegeben.

132. Aepfelspeise.

Man schält und schneidet gute Borsdorfer Aepfel in ganz feine Scheibchen, und belegt eine gut ausgeschmierte Mehlspeisenform über die Hälfte damit. Nun macht man von 12 Eiern, ¼ Pfund Zucker, 1 Quart Milch, 2 Taffenköpfen voll Mehl und ¼ Pfund kleiner Roſinen einen Creme, wie es bisher gezeigt wurde, gießt ihn über die Aepfel und läßt solches in einer Stunde gar backen.

133. Aepfelſpeiſe auf eine andere Art.

Hiezu werden die Aepfel, nachdem man ſie geſchält, ganz gelaſſen, und es wird bloß mit einem ſpitzigen Meſſer das Kernhaus herausgenommen. Dann füllt man ſie mit Himbeer= oder irgend einem andern Muß, und ſtellt ſie einen neben den andern, und ſo doppelt über einander in die Form. Hernach rührt man von 8 Eidottern mit ¼ Pfund Zucker, 4 Loth fein geſtoßener Mandeln, und zuletzt dem Schnee der 8 Eier einen Creme recht leicht und ſchäumig, thut ihn an die Aepfel und bäckt dieſe im Ofen ſchön hellgelb. Man kann aber auch den Creme von Nr. 132. darüber machen, weil derſelbe gleichfalls dazu paßt.

134. Aepfelmuß=Gebäck.

Man kocht von recht guten Mußäpfeln, einem Glaſe Wein und, wenn es ſeyn darf, etwas abgeriebener Citronenſchale ein recht ſteifes Muß, welches man durch ein Haarſieb treibt und dann kalt werden läßt. Ist dieses Muß von einer halben Metze Aepfel gekocht, so nimmt man das Gelbe von 12 Eiern, 12 Loth fein gesiebten Zucker, so wie ¼ Pfund kleiner Rosinen, und rührt es recht leicht und schäumig, thut dann das kalte Muß, welches sehr steif seyn muß, dazu, rührt es dann noch eine halbe Stunde, immer nach einer Seite, thut zuletzt den Schnee von den 12 Eiern darunter, füllt es gleich in eine Form und läßt es im wohl ausgeheizten Ofen backen. Im Fall das Muß nicht steif genug geworden ist, so nimmt man einen halben Eßlöffel voll Kartoffel- oder Kraftmehl und rührt es dazu.

135. Aepfelspeise mit Plinzen.

Von 4 Eiern und 3 Eßlöffeln voll Mehl, etwas Zucker, kleinen Rosinen und so viel Milch, als zu einem dünnen Eierkuchenteig nöthig ist, bäckt man Plinzen von der Dicke eines Bogens Papier. Nachdem man sie alle fertig hat, bestreicht man sie dick mit einem recht feinen Aepfelmuß, rollt sie zusammen und schneidet ungefähr drei Streifen davon, setzte eine neben die andere in eine wohl ausgeschmierte Form, und macht von 1 Eßlöffel voll Mehl, 9 Eiern, ¼ Pfund feingesiebten Zucker und ½ Quart Sahne einen Creme, den man darüber gießt, und nun solches in einem heißen Ofen schnell bäckt. Von frischen Pflaumen, welche man ab-

schält, mit Zucker und etwas Wasser ganz weich
kocht und durch ein Haarsieb schlägt, kann man
die Plinzen, statt der Aepfel, eben so bereiten.

136. Omelette soufflée.

Man schlägt 16 Eier mit ½ Pfund fein gesiebten Zucker ¾ Stunden lang, daß es wie Schaum
ist, und bäckt von dieser Masse Plinzen, nur hellgelb und auf einer Seite, in einer gewöhnlichen
Eierkuchenpfanne. Wenn eine fertig ist, so streicht
man mit einem silbernen Löffel eingekochte Himbeeren oder süße Kirschen, auch Aprikosen, Erdbeeren,
kurz, was man eben hat, auf die Plinze, legt dann
wieder eine darauf und verfährt eben so damit.
Nachdem sie alle auf einander liegen, nimmt man
das Weiße von einem Ei, welches man von den
obigen 16 Eiern zurückbehalten kann, und rührt
4 Loth feinen Zucker damit ab, bestreicht die Plinzen an den Seiten herum, und setzt sie ¼ Stunde
lang in einen warmen Ofen. Wenn sie herauskommen, legt man eingemachte Früchte darauf und
giebt sie sogleich warm zu Tische.

137. Plinzen mit Sauce.

Man bäckt, wie Nr. 135. gezeigt worden, die
Plinzen gar. Dann rollt man sie zusammen, legt
sie in eine nicht ausgeschmierte Mehlspeisenform,
immer über das Kreuz, bis die Form ganz voll

ist. Hierauf giebt man von einer beliebigen Obstsauce so viel darüber, daß die Plinzen davon bedeckt sind, setzt sie noch ¼ Stunde in einen warmen Ofen, oder zwischen unten und oben Kohlen, wo sie schön durchziehen können.

138. Mandelschnitte.

Man feuchtet 3 Hände voll geriebenes Milchbrot mit Sahne durch und durch an, zieht von 3 Loth süßen Mandeln die Schale ab, stößt solche mit etwas Eiweiß ganz fein, quirlt 3 Eier recht schäumig und rührt Alles nebst einer Hand voll gut verlesener und am Feuer etwas ausgequollener kleiner Rosinen gut durch. Dann schneidet man Schnitte von Milchbrot, streicht von diesem Füllsel ungefähr 2 Finger dick darauf und bäckt sie in Schmelzbutter, oder auch in einem Bratofen auf einem gut mit Butter geschmierten Blech rasch heraus. Wenn sie gar sind, wird eine Hagebutten-, Kirsch- oder Pflaumensauce darüber gegeben und sie mit der Schüssel noch einige Zeit warm gesetzt, damit die Sauce noch etwas durchziehen kann.

139. Rosinenschnitte.

Zu diesen schneidet man die Milchbrote Daumen dick, quirlt 6 Eier mit ¼ Quart guter Milch oder Sahne und ein paar Löffel voll gesiebten Zukkers durch, legt die geschnittenen Milchbrote auf eine große flache Schüffel, gießt die Eier darüber, und läßt so, nachdem man die Brote öfters umwendet, den ganzen Creme hineinziehn; dann bäckt man sie wie die Mandelschnitte recht schön hellgelb. Unterdessen kocht man ½ Pfund großer und ¼ Pfund kleiner Rosinen mit Wasser, Zucker und etwas Citronenschale recht weich, rührt zuletzt einen Theelöffel voll Kartoffelmehl mit einem großen Glase guten süßen Weines an die Rosinen, läßt es noch einmal mit aufkochen und giebt es dann über die Schnitte, wie oben gezeigt wurde. Man kann bei diesen Schnitten auch eine Milchsauce, mit Eiern abgezogen, geben. Dann muß man aber ungefähr 10 — 12 süße Mandeln ganz zu Brei stoßen und in die Milch und Eier thun; davon bekommen sie einen sehr angenehmen Geschmack, ganz den Mandelschnitten ähnlich.

140. Gefüllte Milchbrote.

Man nimmt so viele Milchbrote, als man nöthig zu haben glaubt, reibt die äußere Rinde ab, schneidet unten den Boden halb Fingers dick ab, höhlt von dem obern Theil die Krume behutsam heraus, damit man das Brot nicht zerbricht, und macht dann folgendes Füllsel: Das Abgeriebene von den Milchbroten vermischt man mit fein gestoßenen süßen Mandeln, kleinen Rosinen, Zucker und gutem Wein; von letzterem so viel, daß es die Dicke eines Kloßteiges bekommt. Dann füllt man die ausgehöhlten Milchbrote damit, bindet den abgeschnittenen Boden mit einem Faden kreuzweis darüber, legt sie auf eine große Schüssel und begießt sie mit einem Creme, den man aus Eiern, Sahne und Zucker zusammenquirlt, läßt sie durchaus weich darin werden, doch nicht so, daß sie zerfallen. Man bestreut sie dann mit dem noch übrigen geriebenen Milchbrote, bäckt sie nun in Schmelzbutter oder in dem Ofen schön hellgelb und giebt eine beliebige Obstsauce darüber. Zu dem Creme, welchen man über die Brote giebt, rechnet man gewöhnlich auf 2 Milchbrote 1 Ei, zu 6 Eiern ½ Quart Milch oder Sahne, und Zucker nach Gutdünken.

141. Milchbrote auf eine andere Art.

Hierzu nimmt man Milchbrote, das Stück zu 2 Pfennige, reibt gleichfalls die äußere Rinde davon ab und läßt sie so ganz, wie sie sind, in dem eben beschriebenen Creme ganz durch und durch weichen, bestreut sie mit der abgeriebenen Rinde und bäckt sie aus heißer Schmelzbutter schnell heraus. Auch kann man sie im Ofen backen. Dann wird eine Kirsch- oder Hagebuttensauce darüber gegeben und sie mit dieser noch eine halbe Viertelstunde in den Ofen oder an eine warme Stelle gesetzt.

142. Abgerührte Milchbrote mit Sauce.

Man schneidet mit einem recht scharfen Messer die äußere Rinde von 6 Vierpfennigmilchbroten ab und die Krume in recht feinen Scheibchen in eine tiefe Schüssel, läßt ½ Quart Milch aufkochen und gießt sie über dieselbe, deckt sie zu und läßt es sich abkühlen. Unterdessen rührt man das Gelbe von 8 Eiern mit ¼ Pfund gesiebten Zucker recht leicht und schäumig, thut 4 Loth fein gestoßener süßer Mandeln, ¼ Pfund kleiner Rosinen, den Schnee der 8 Eier und zuletzt die geweichten Milchbrote hinzu, thut es in eine Eierkuchenpfanne und häckt es zwischen unten und oben gelegten Kohlen, oder auch im Ofen gar. Jede Obst- oder Milchsauce kann man dazu geben.

143. Krauser Eierkuchen.

Man nimmt zu einem krausen Eierkuchen 3 Eier und quirlt sie recht schäumig. Dann rührt man einen starken Eßlöffel voll Mehl mit einem Tassenkopf Milch recht glatt, giebt es zu den Eiern und salzt es ein wenig, nimmt aber ja keinen Zucker dazu. Nun nimmt man in eine Kasserolle, welche so groß ist als das Innere eines Tellers, so viel Schmelzbutter, daß dieselbe, wenn sie geschmolzen ist, wenigstens eine Hand hoch steht, läßt sie brennend heiß, jedoch nicht schwarz werden, und träufelt nun mit einem Schöpflöffel den Teig hinein, schüttelt die Kasserolle immer dabei, wendet den nun ganz kraus gewordenen Kuchen um, und wenn er auch auf der andern Seite gar ist, so legt man ihn auf den Teller, bestreut ihn dick mit Zucker und giebt ihn wie jeden andern Eierkuchen.

144. Eierkuchen.

Zu einem feinen Eierkuchen nimmt man in der Regel zu 2 Eiern einen Eßlöffel voll recht feines Mehl, eine Prise Salz und etwas Zucker. Das Gelbe der Eier wird mit dem Mehl und etwas Sahne fein abgequirlt, das Weiße zu dickem Schnee geschlagen, darunter gemischt und dann gleich in der Eierkuchenpfanne in recht frischer Butter gebacken.

145. Eierkuchen auf eine andere Art.

Diesen behandelt man auf die nämliche Weise, wie eben gezeigt wurde, nur daß man dazu halb geriebene Semmel und halb Mehl nimmt.

146. Eierkuchen mit Wasser.

Man quirlt das Gelbe von 2 Eiern mit 6 Eßlöffeln voll feines Mehl, 6 Eßlöffeln Wasser, 2 Löffeln geschmolzener Butter und etwas Salz, oder auch noch Zucker und ein wenig Citronenschale, recht glatt ab, giebt zuletzt das zu steifem Schnee

geschlagene Weiße der 2 Eier dazu und bäckt ihn
wie jeden Eierkuchen in der Pfanne mit guter Butter heraus.

147. Schmarn.

Man nimmt 7 Eier, 7 Eßlöffel voll Mehl
und ½ Quart Milch, und quirlt davon einen recht
glatten Eierkuchenteig. Nun nimmt man in eine
ziemlich große Eierkuchenpfanne ein tüchtiges Stück
Butter, läßt sie heiß werden, gießt den Teig hinein und bäckt ihn auf einer Seite schön gelb, dann
umgewendet ebenfalls. Wenn er nun auf beiden
Seiten gar ist, so zersticht man ihn mit einer Ku-
chenschaufel in kleine Stückchen, läßt es mit Hin-
zuthun von noch etwas Butter vollends ausbacken
und giebt es zu gekochtem Obst oder Backobst.

148. Schmarn auf eine andere Art.

Man kocht 1 Quart Milch mit einem Stücke
Butter, ungefähr 4 Loth, auf dem Feuer auf, und
rührt während des Kochens so viel Mehl hinzu,
daß der Teig ganz steif wird und sich von der
Kasserolle abschält. Dann läßt man ihn kalt werden, rührt so viele Eier hinzu, bis er wie dicker
Eierkuchenteig ist, salzt ihn gehörig und bäckt ihn,
wie oben bei den Schmarn gezeigt wurde. Diese
Speise nennt man in Baiern Brandschmarn.

149. Semmelschmarn.

Alte trockne Semmel weicht man in Milch oder in Wasser nur so lange, bis sie so ziemlich erweicht ist; dann drückt man sie fest aus, quirlt einige Eier (2 Stück auf eine Semmel) mit etwas Salz und gießt sie über dieselbe, worauf man sie eben so wie die vorhergehenden behandelt.

150. Dampfnudeln.

Es werden 1½ Pfund Mehl mit 3 Löffeln recht dicker Bärme und 4 abgequirlten Eiern, nebst etwas lauwarmer Milch zu einem Hebestück angesetzt, doch so daß die Hälfte des Mehles noch um dasselbe herumliegt und etwas darüber gestreut wird, worauf man es an einer warmen Stelle gut aufgehen läßt. Unterdessen schmelzt und klärt man 12 Loth Butter, und thut sie lauwarm, nebst einer Prise Salz und einem gehäuften Löffel voll fein gesiebten Zucker, zu dem Hebestücke, welches man mit einer breiten Kelle so lange schlägt, bis es sich von derselben abschält. Dann läßt man es wieder an einer warmen Stelle anfangen in die Höhe zu gehen. Hierauf werden mit einem Löffel kleine Klümpchen davon auf ein wohl ausgewärmtes Brett gesetzt und mit der Hand etwas rund gemacht, worauf man sie bis zur gehörigen Gare gehen läßt. Dann bestreicht man eine Kasserolle, wozu man

einen ganz genau paſſenden Deckel hat, recht dick
mit Butter, beſtreut dieſe mit Zucker, ſetzt die Nudeln, eine dicht neben der andern hinein, gießt noch
einen Daumen breit warme Milch hinzu, und läßt
ſie zwiſchen oben und unten gelegten Kohlen ſchön
aufziehen und anfangen zu backen. Wenn man
glaubt, daß ſie lange genug geſtanden haben, um
nicht mehr zuſammenzufallen, ſo ſieht man nach
und giebt, wenn es nöthig iſt, noch ein wenig
Milch dazu, doch nicht zu viel, da die Dampfnudeln ſchön gelb ſeyn und nur unten einen kleinen
Anſatz von Milchcreme haben müſſen. Wenn ſie
nun ſo weit ſind, daß man ſie abnehmen kann, ſo
werden ſie auf eine Schüſſel, die untere Seite in
die Höhe, gelegt, und folgende Sauce darüber gegeben. Man kocht 1 Quart Milch mit einem Stück
Zucker, und legirt es mit 6 Eidottern, die man
vorher mit einem Theelöffel Mehl und einigen Eßlöffeln Waſſer abgequirlt hat. Wenn dieſe Sauce noch
ein wenig auf dem Feuer gezogen hat, ſo giebt man
etwas davon über die Nudeln, die übrige aber in
einer Sauciere zu Tiſche.

151. Bärmemehlſpeiſe.

Man rührt ein Viertelpfund recht friſcher
Butter zu Sahne, giebt dazu das Gelbe von 8 Eiern,
4 Hände voll recht feines Mehl, 4 Loth recht fein
geſiebten Zucker, etwas auf Zucker abgeriebene Ci-

tronenschale, daß zu Schnee geschlagene Weiße der
8 Eier und 2 Eßlöffel recht guter dicker Bärme,
füllt es in eine gut ausgeschmierte, mit Zucker bestreute Form und setzt es an eine warme Stelle,
bis es gehörig gegangen ist. Dann stellt man
die Form in einen gut ausgeheizten Ofen, und
bäckt die Speise schön gelb. Kurz vor dem Herausnehmen wird 1 Quart Milch mit Zucker gekocht,
und diese um die Speise gegossen, welche, nachdem
sie noch etwas im Ofen gestanden hat, auf eine
Schüssel gestülpt wird.

152. Bärmekloß.

Man nimmt dazu drei Viertelpfund oder eine
Viertelmetze recht gut ausgetrocknetes Mehl, 2 Eier, die mit lauwarmer Milch abgequirlt sind, 3 Eßlöffel voll dicker Bärme, und macht daraus ein
Hebestück, wie es Nr. 150 bei den Dampfnudeln
gezeigt wurde. (Es läßt sich durchaus bei Bärme-
speisen oder Backwerken die Quantität der Milch
nicht bestimmt angeben, da gut ausgetrocknetes
Mehl ungleich mehr Zusatz von Milch verträgt als
das gewöhnliche, welches immer feucht ist, und
der Teig dann zu dünn geräth, daher man mehr
Mehl nehmen muß, als nöthig ist. Deshalb nimmt
man in der Regel nur die Hälfte Mehl zum Hebestück, und verrechnet sich nie auf diese Weise.)
Wenn Alles recht gut aufgegangen ist, salzt man

es ein wenig, giebt 4 Loth geschmolzener Butter dazu, und schlägt es mit der Kelle, bis es sich von derselben abschält. Dann nimmt man diesen Teig auf ein Backbrett, und knetet ihn mit Mehl noch so fest als möglich, legt ihn auf einen großen Bogen weißes Papier, und stellt ihn zum abermaligen Gehen an einen warmen Ort. Unterdessen setzt man gut gesalzenes Wasser in einer Kasserolle zum Feuer, und legt, sobald es kocht, den Kloß mit dem Papier hinein, deckt sie mit einem hohen Deckel zu, damit der Kloß in die Höhe steigen kann, und läßt diesen gar werden, welches man daran erkennt, daß ein hineingestochenes Hölzchen beim Herausziehen frei von Teig ist. Nun hebt man ihn heraus, und schneidet mit einem starken Zwirnsfaden zwei Fingers dicke Scheiben, begießt diese mit siedend heißer Butter, und giebt sie zu jeder Art Obst- oder Bratensauce; auch mit Milchsauce werden sie genossen.

153. Gebackener Bärmekloß.

Man bereitet den Kloß, wie eben angezeigt wurde. Dann nimmt man abgekochtes Backobst, legt es auf den Boden einer mit Butter gut ausgestrichenen hohen Form, gießt kochende Brühe von dem Obst, welche zwar süß seyn kann, aber nicht mit Mehl sämig gemacht worden ist, dazu, und zwar so viel, daß sie mit dem Obste gleich stehe, setzt den Kloß,

Kloß, jedoch ohne Papier, darauf, thut ihn in
einen wohl ausgeheizten Ofen, und bäckt ihn gehörig aus, stülpt ihn auf eine Schüssel und giebt das
übrige Backobst dazu. Beim Vorlegen ist noch zu
bemerken, daß er nicht mit dem Messer zerlegt,
sondern mit ein paar Gabeln aus einander gerissen
wird.

154. Kleine Bärmklöße.

Man nimmt hierzu die nämlichen Ingredienzien, nur daß man den Teig nicht fest arbeitet,
sondern so daß er noch läuft, und rührt zu dieser
Masse ungefähr für 6 Pfennige in Butter gebratenes Milchbrot, welches wie zu gewöhnlichen Klößen in kleine Würfel geschnitten wurde. Dann
läßt man diesen Teig in der Schüssel an einem
warmen Orte gut aufgehen. Ist dieses geschehen,
so nimmt man einen großen Löffel, taucht ihn in
kochendes Wasser, und legt die Klöße damit in einen Kessel, worin gut gesalzenes Wasser fortwährend aufwallt, deckt sie gut zu und läßt sie eine Viertelstunde darin kochen. Dann wird jeder Kloß mit
dem Löffel umgewendet und vollends gar gekocht.
Man kann sie ganz auf den Tisch geben, oder auch
einmal aus einander reißen.

155. Semmelklöße.

Es werden 3 Stück Vierpfennigmilchbrote

E

fein geschnitten und mit lauwarmer Milch ange-
feuchtet, damit sie so weich werden, daß man sie
leicht zerrühren kann. Drei Stück eben solcher
Milchbrote werden auf dem Reibeisen gerieben.
Alsdann rührt man 6 Loth Butter zu Sahne, giebt
das Gelbe von 12 Eiern, etwas abgeriebene Citronenschale, 2 Eßlöffel voll gesiebten Zucker, etwas
Salz, dann zuerst die geriebenen, und nachher die
eingeweichten Milchbrote dazu; rührt Alles nach einer Seite tüchtig durch, thut noch eine gute Handvoll Mehl, und ganz zuletzt den Schnee der 12 Eier
hinein. Nun versucht man einen Kloß, indem man
ihn in kochendes Wasser legt, ob er aus einander
fällt, oder ob er vielleicht zu fest ist. Im ersten
Fall kann man noch mit etwas geriebener Semmel,
im letzteren mit Eiern nachhelfen. Diese Klöße
sind zu Obst- oder Mußsaucen zu geben.

156. Semmelklöße auf eine andere Art.

Man weicht Milchbrote, wie oben gezeigt worden ist, ein. Die Milch muß darin eingezogen seyn,
und es darf durchaus keine mehr darüber stehen.
Dann giebt man das gehörige Salz dazu, läßt so
viele Loth Butter, als es Milchbrote waren, recht
brennend heiß werden, gießt sie darüber, und rührt
Alles gut durch einander, giebt auf jedes Milchbrot
1 Ei und einen halben Löffel voll Mehl hinzu;
wenn es beliebt, mischt man etwas Zucker hinein,

und legt die Klöße dann in gesalzenes kochendes Wasser. Eine Hauptregel bei diesen, und allen Klößen ist, daß sie nicht zu lange kochen müssen.

157. Klöße in der Serviette.

Man zerschneidet 4 Milchbrote und brüht sie mit kochender Milch an, jedoch so, daß sie nur benetzt sind und nicht schwimmen. Ein Milchbrot schneidet man in kleine Würfel und bratet diese in einem guten Stücke Butter gelb und recht fett. Dann rührt man sie unter die angebrühten Milchbrote, schlägt 8 Eidotter und das zu Schnee geschlagene Weiße der 8 Eier hinzu, giebt etwas Salz und nach Belieben Zucker hinein, schmiert ein Tuch oder eine Serviette, welche vorher eine Stunde in kaltem Wasser gelegen hat, mit Butter, bindet die Masse hinein, und läßt sie eine Stunde in gesalzenem Wasser kochen.

158. Noch eine Art Klöße.

Man schneidet von 4 Milchbroten die Rinde fein ab und weicht die ganzen Brote in Milch ein. Unterdessen rührt man 4 Loth Butter zu Sahne, giebt nach und nach 4 Eidotter, 2 kleine Eßlöffel voll Mehl, das nur leicht ausgedrückte Milchbrot und zuletzt das zu Schnee geschlagene Weiße der 4 Eier hinzu, und kocht sie, wie bei den vorher beschriebenen gezeigt wurde.

E 2

159. Topfklöße.

Man schneidet 3 Milchbrote und brüht sie mit ½ Quart kochender Milch an. Dann rührt man 6 Loth Butter mit dem Gelben von 6 Eiern zu Sahne, thut 3 Eßlöffel voll gesiebten Zucker, etwas auf Zucker abgeriebene Citronenschale, 4 auf dem Reibeisen geriebene Milchbrote, die abgebrühten Brote und zuletzt den Schnee der 6 Eier hinzu, und rührt Alles recht glatt mit einander ab. Nun schmiert man eine Puddingform mit Butter, legt mit einem runden Löffel, welchen man jedes Mal in kochendes Wasser taucht, Klöße, immer einen auf und neben den andern, in die Form, setzt sie in kochendes Wasser, wo sie 1½ Stunde brauchen, bis sie gar sind. Dann werden sie behutsam heraus genommen, um sie nicht zu zerstechen, damit sie ihre Form behalten. Man kann von ½ Quart Milch, 3 Eiern und etwas Citronenschale, so wie Zucker nach Gutdünken, eine Sauce dazu machen, sie aber auch zu jeder Art Obst geben.

160. Gebrühte Klöße.

Man läßt ½ Quart Milch mit 4 Loth Butter kochen und rührt so viel recht schönes Reißmehl (oder in Ermangelung desselben auch gewöhnliches Mehl) hinzu, bis der Teig ganz steif ist und sich von der Kasserolle abschält, und läßt ihn dann erkalten, reibt etwas Citronenschale auf Zucker, giebt noch etwas fein gesiebten Zucker und so viele Eier hinzu, bis der Teig wie ein gewöhnlicher, nicht gar zu weicher Kloßteig ist. Dann legt man mit einem runden Löffel Klöße in kochendes, gesalzenes Wasser, läßt sie aber nur so lange darin, bis sie in die Höhe kommen, und nimmt sie, nachdem man sie vorher geprobt hat, heraus und bringt sie gleich zu Tische.

161. Bairische Griesklöße.

Man nimmt 1 Pfund Krakauer Gries in eine Schüssel und salzt ihn so viel, als nöthig ist. Dann wird er mit kochender Milch angebrüht, aber nur so viel, daß er noch ganz steif ist, wie ein abgebrühter Teig seyn muß. Unterdessen, daß er kalt wird, schneidet man 3 Milchbrote in kleine Würfel und röstet sie in Butter gelb und gehörig fett, quirlt 2—3 Eier und rührt sie nebst den gebratenen Milchbroten zu dem Gries, taucht die Hände in reines, kaltes Wasser und formirt runde Klöße so groß, als ein großer Apfel. Dann legt man sie in kochendes und gehörig gesalzenes Wasser und kocht sie so lange, bis, wenn man einen davon aufschneidet, er in der Mitte nicht mehr teigig ist. Diese Klöße ißt man zu Schmor- oder anderm Braten, wobei sie die Stelle der Kartoffeln vertreten.

162. Kartoffelklöße.

Die Kartoffeln, welche recht schön mehlig seyn müssen, kocht man den Tag zuvor, ehe man die Klöße machen will, ab; kurz vor dem Gebrauch werden sie gerieben und von allen Stückchen sorgfältig gereinigt. Nun rührt man ¼ Pfund Butter mit 5 Eiern zu Sahne, schneidet 2 Milchbrote in Würfel und röstet sie in Butter gelb, nimmt 1½ Pfund von den geriebenen Kartoffeln und rührt sie gleichfalls nebst dem Schnee der 5 Eier dazu, macht runde Klöße und kocht sie in gesalzenem Wasser in 8—10 Minuten gar.

163. Kartoffelspeise.

Nachdem man die Kartoffeln wie zu den oben beschriebenen Klößen bereitet hat, rührt man ¼ Pfund fein gesiebten Zucker mit dem Gelben von 8 Eiern recht leicht und schäumig, giebt ungefähr, wenn es der Arzt nicht durchaus verboten hat, den vierten Theil einer auf Zucker abgeriebenen Citronenschale, so wie 4 Loth ganz zu Brei gestoßene süße Mandeln, ¼ Pfund von den geriebenen Kartoffeln und zuletzt das zu steifem Schnee geschlagene Weiße der 8 Eier dazu, füllt es in eine dick mit Butter geschmierte und mit Milchbrot bestreute Form und bäckt es in einer Stunde gar. Eine

Obst- oder Weinsauce dazu gegeben, ist dieß eine der feinsten Mehlspeisen.

164. Kartoffelspeise mit Hering.

Man wäscht 1 großen oder 2 kleine Heringe recht rein, zieht die Haut davon und legt sie eine Stunde in süße Milch. Dann werden sie herausgenommen, recht rein abgetrocknet, von allen Gräten befreit, in ganz feine Stückchen gehackt und in einem Stückchen Butter ein wenig gedämpft. Indessen rührt man ¼ Pfund Butter zu Sahne, schlägt nach und nach das Gelbe von 8 Eiern dazu, rührt ½ Quart Sahne und 1½ Pfund geriebene Kartoffeln, nebst einem Tassenkopf voll feines Mehl, welches man mit einer Tasse Milch abquirlt, damit es nicht klumpig wird, dazu, giebt den Hering, und ganz zuletzt den Schnee der 8 Eier hinzu, füllt es in eine Form und bäckt es in mäßiger Hitze gar. Man kann diese Speise mit einer Sardellensauce oder auch trocken serviren.

165. Spiegeleier mit Hering.

Man wäscht den Hering recht rein, schneidet ihm den halben Kopf schräg durch, zieht ihm die Haut ab und legt ihn so mehrere Stunden in süße Milch. Dann setzt man ein Stück Butter in einer zinnernen Schüssel auf Kohlen, und wenn die Butter recht heiß ist und anfängt gelb zu werden, legt man den von aller Milch befreiten und mit einem reinen Tuche abgetrockneten Hering hinein, läßt ihn auf der einen Seite gelb braten und wendet ihn dann um. So wie dieses geschehen, schlägt man recht frische Eier um den Hering herum in die Butter, und läßt sie so lange auf den Kohlen, bis das Weiße steif, die Dotter jedoch noch ganz weich sind. Dann bringt man sie gleich mit dieser Schüssel, welche man auf eine andere stellt, zu Tische.

166. Eier in Sauce.

Man macht nach Nr. 36 eine braune Sardellensauce, jedoch nicht dick. Wenn dieselbe gar, aber noch im Kochen ist, so schlägt man schnell so viel Eier, als man haben will, hinein, und wendet sie schnell um, damit sie zwar außen steif, jedoch die Dotter ganz weich bleiben. Dann legt man sie auf eine Schüssel heraus, damit sie wieder kalt werden, und legirt die Sauce noch mit einigen Eiern, giebt sie über diese gekochten Eier und schnell damit zu Tische.

Siebenter Abschnitt.

Von der Zubereitung der Pasteten.

167. Feiner Blätterteig.

Man nimmt 1 Pfund Butter auf das Backbrett, bildet einen runden Berg davon und macht
in die Mitte desselben ein Loch, worein man ein
mit Salz abgequirltes Ei, ein Stückchen Butter, vielleicht wie ein Hühnerei groß, und ein Trinkglas voll
Wasser thut. Man rührt nun Alles zuerst mit dem
Wasser durch einander und knetet es mit den Händen zu einem glatten festen Teig, welcher, wenn
man einen runden Ballen davon gewürkt hat, etwas auf steht. Dann wird er ungefähr eines kleinen
Fingers dick ausgerollt (gemangelt) und 1 Pfund Butter, welches die Nacht hindurch in Wasser gelegen hat
und zwischen 2 Tüchern ganz von allem Wasser befreit
ist, darauf gelegt. Der Teig wird ganz darüber
geschlagen und nun so 3 Mal ausgerollt und immer wieder zusammengeschlagen. Dann läßt man

ihn die Nacht hindurch in dem Keller stehen und gebraucht ihn dann zu den feinen Pasteten.

168. Blätterteig auf eine andere Art.

Hierzu nimmt man 1 Pfund Butter, 1½ Pfund Mehl, 2 Tassenköpfe voll Wasser, 2 Eier und etwas Salz. Damit wird nun auf die nämliche Weise verfahren, wie bei dem vorigen Nr. 67. gezeigt wurde. Dieser Teig kann zu allen Pasteten und auch zu Obsttorten gebraucht werden.

169. Blätterteig mit Sahne.

Man nimmt ¾ Pfund recht feines Mehl in eine Schüssel, schlägt das Gelbe von 3 Eiern, 3 Eßlöffel voll guten Wein und ¼ Quart warmer Sahne dazu, rührt Alles durch einander und nimmt es darauf auf das Backbrett heraus, wo es zu einem festen Teige geknetet wird. So läßt man ihn eine Stunde ruhen. Dann wird er ausgerollt, die halbe Seite des Teiges mit ¾ Pfund recht abgetrockneter und in Stücken zerpflückter Butter belegt, die andere Hälfte des Teiges darüber geschlagen, dann noch einmal zusammengeschlagen und so dreimal wiederholt. Dann läßt man ihn eine oder zwei Stunden im Keller stehn, wo er dann zu allen beliebigen Speisen zu gebrauchen ist.

170. Butterteig mit Bärme.

Man nimmt 1 Pfund Mehl, ¼ Pfund Butter, welche man in das Mehl schneidet und mit 1 Ei, einem starken Löffel voll dicker Bärme und lauer Milch zu einem festen Teige knetet, der sich rollen läßt. Die Hälfte der Butter behält man zurück und schneidet sie auf diesen Teig; dann verfährt man damit, wie bei dem vorhergehenden, nur daß man diesen nicht ruhen läßt, sondern sogleich gebraucht, damit die Bärme ihre Wirkung nicht verliert.

171. Gebrannter Teig.

Zu diesem Wasserteige nimmt man 2 Pfund Mehl, ungefähr ½ Pfund Butter, welche man in kleine Stücken pflückt, und giebt dann immer etwas kochendes Wasser löffelweise hinzu, bis man den Teig ganz damit durchgearbeitet hat, und er, wenn man ihn mit der Hand etwas aufzieht, fest stehn bleibt. Man gebraucht ihn nur zu solchen Pasteten, wovon der Teig nicht mit gegessen wird, sondern nur zur Façon dient.

172. Wasserteig auf eine andere Art.

Von 1 Pfund Mehl, ½ Pfund Butter, 2 Eiern und etwas kaltem Wasser macht man einen eben so festen Teig und gebraucht ihn zu kalten Pasteten.

Dieser kann auch von der Dienerschaft gespeis't werden, da er recht gut schmeckt, aber nur etwas fest ist.

173. Süßer Teig zu Torten.

Man nimmt 1 Pfund Mehl auf ein Backbrett, macht in die Mitte ein Loch und schneidet 28 Loth frische Butter, das Gelbe von 4 Eiern, etwas auf Zucker abgeriebene Citronenschale und ½ Pfund fein gesiebten Zucker dazu, reibt mit den Händen den Teig zusammen, knetet einen runden Ballen, läßt ihn ein paar Stunden im Keller steif werden und verbraucht ihn dann zu Torten und Kuchen.

174. Süßer Teig zu Torten auf eine andere Art.

Dazu nimmt man ½ Pfund Mehl, 10 Loth Butter, das Gelbe von 2 Eiern, ungefähr 2 Hände voll fein gesiebten Zucker und 2 gute Eßlöffel voll süßer Sahne. Man bereitet diesen Teig ganz wie den vorigen und kann ihn auch auf die nämliche Weise gebrauchen.

175. Süßer Teig zu Torten auf eine dritte Art.

Zu 1 Pfund Mehl schneidet man ½ Pfund Butter, quirlt 1 Ei recht schäumig und thut es nebst einer Prise Salz und 4 Loth fein gestoßenem

Zucker dazu, reibt den Teig schön durch, und thut, wenn er zu trocken ist, noch etwas Wein oder Sahne hinzu.

176. Pastete von Hühnern.

Wenn die Hühner recht rein geputzt und ausgewaschen sind, schneidet man sie in vier Theile und legt sie in eine Kasserolle, worin ein Stück Butter geschmolzen wurde, giebt nach Verhältniß fein gehackte Sardellen und etwas Citronenschale hinzu, auch etwas rein geputzte und in Wasser weich gekochte Wurzeln, läßt Alles gut durchschwitzen, gießt etwas guten Bouillon darüber und kocht sie gar. Unterdessen wird eine Pastete nach Nr. 164. aufgerollt, mit einer Serviette ausgefüllt, mit Eigelb bestrichen und hellgelb gebacken. Wenn sie fertig ist, nimmt man sie behutsam ab, legt die Hühner zierlich in dieselbe, giebt kleine Semmelklößchen, etwas weich gekochte Kälbermilch und Gaumen dazwischen, legirt die Sauce, worin die Hühner gekocht worden, mit Eidottern, giebt einige Löffel voll darüber, legt den Deckel wieder darauf und giebt sie so auf den Tisch. Die übrige Sauce wird besonders dabei gegeben.

177. Pastete von Tauben.

Diese werden ganz auf die nämliche Art zubereitet, wie die jungen Hühner, nur daß Viele die

Tauben bloß die Hälfte durchschneiden, da sie gewöhnlich kleiner sind, indem man immer nur ganz junge Tauben dazu nimmt. Jeder Blätterteig ist hierzu passend.

178. Pastete von Tauben auf eine andere Art.

Man schlachtet die Tauben und fängt das Blut in etwas Wein auf. Dann werden sie in Viertel geschnitten und in einem Stücke Butter ganz dunkelgelb geschwitzt. Wenn sie diese Farbe haben, so giebt man halb Wasser, halb rothen Wein nebst etwas Citronenschale dazu und läßt es damit durchkochen, rührt ein wenig Kartoffelmehl mit kaltem Wasser an, giebt das aufgefangene Blut dazu, und wenn es in der Farbe noch nicht braun genug ist, so brennt man in einem blechernen Löffel etwas gestoßenen Zucker, thut ihn noch hinzu und läßt es nun noch ein paar Mal aufkochen. Unterdessen muß man sich die Pastete von irgend einem der vorher beschriebenen Blätterteige zubereiten, die Tauben hineinlegen, und etwas Sauce darüber, die übrige aber in der Sauciere allein geben.

179. Pastete von Kalbfleisch.

Zu dieser bereitet man sich ein schönes Frikassee nach Nr. 59, verziert es gut mit Klößchen, Morcheln, Kälbermilch, Ochsengaumen, und macht

von dem Nr. 67. beschriebenen Blätterteige mit
Bärme eine Pastete, legt das Frikassee zierlich hinein und giebt es, wie bei den übrigen gezeigt wurde.

180. Pastete von Hasen.

Wenn der Hase von allen Häuten befreit ist,
so löſ't man das Fleisch recht schön von Rücken
und Keulen, schneidet es in Stückchen, wie man
sie vorlegen will, und rangirt sie in einer Kasserolle, gießt etwas rothen Wein darüber, salzt,
so viel, wie nöthig ist, giebt etwas Citronenschale
hinzu und läßt sie so die Nacht hindurch stehen,
oder auch nur 3—4 Stunden. Dann giebt man
zu einem Hasen ¼ Pfund Butter und etwas Bouillon, und setzt ihn auf Kohlen, wo er dämpfen
kann. Vorher muß man sich schon eine Pastete
von dem in Nr. 171. gezeigten Wasserteige verfertiget haben, welche man auf folgende Weise
macht. Man rollt den Teig eines Fingers dick
aus, schneidet nach einer Schüssel, die man darauf legt, die Größe der Pastete, dann macht man
einen handhohen Streifen, indem man vorher aus
dem Teige eine Welle mit der Hand dreht, sie
dann gleichfalls mit dem Mangelholze eines Fingers
dick rollt, und an beiden Seiten gleich schneidet.
Nun bestreicht man den Boden der Pastete, welchen man auf ein Backblech gelegt hat, mit Ei,
stellt den Rand so darauf, daß man den Boden.

einen guten Daumen breit auf den Rand herauf
decken kann, und befestiget ihn, indem man mit der
einen Hand von innen, und mit der andern von
außen hilft, und wenn er recht gut angedrückt ist,
so macht man eine Kante durch Einschnitte oder
Kniffe daran, füllt diese Teigform mit reinen Tüchern aus, legt Papier oben darauf, und macht
dann einen Deckel von Teig darüber, welchem man
gleichfalls allerlei Verzierungen giebt, stellt ihn in
einen nicht ganz heißen Ofen, und läßt die Pastete
so, nachdem man sie vorher mit Ei bestrichen hat,
trocknen. Ist dieses geschehen, so macht man eine
leichte Farce, gerade wie zu den Klößchen Nr. 16.,
nur daß man hier recht fein gehacktes Kalbfleisch
nimmt, welches erst etwas in Butter gedämpft ist.
Damit bestreicht man nun den Boden der Pastete,
und legt dann den unterdessen durchgeschwitzten Hasen darauf, nun wieder von der Farce und wieder
Hasen und so fort, bis er alle ist. Man kann
auch kleine Klößchen von der Farce dazwischen legen, da von andern Ingredienzien, welche man gewöhnlich zu dergleichen nimmt, hier Nichts erlaubt
ist. Nun legt man den Deckel wieder darüber,
macht aber eine ganz kleine Oeffnung, damit der
Dampf heraus kann, und bäckt sie in 1 Stunde
gar. Von der Sauce, worin der Hase geschwitzt
wurde, muß man das Fett abschöpfen, welches
man auf die letzte Lage der Pastete füllen kann,

und die übrige Sauce mit Sardellen und etwas braunem Mehl aufkochen und sie besonders damit zu Tische geben.

181. Pastete von Wildpret.

Hiezu nimmt man gern das Fleisch aus der Keule, woraus man kleine Stückchen schneidet, wie zu den Fricandeaux, thut etwas Salz darauf und klopft sie mit dem Messerrücken, hierauf legt man sie in eine Schüssel, gießt etwas rothen Wein darauf und läßt sie, wie bei den Hasen gezeigt wurde, die Nacht hindurch stehen. Den andern Tag nimmt man dieselben heraus, wendet sie in Mehl um und legt sie in eine Kasserolle, worin Butter heiß gemacht wurde. Hierin schwitzt man sie nun etwas, dann gießt man halb Bouillon und halb von dem Wein, worin die Stückchen Fleisch gelegen, oder auch wohl frischen dazu, schneidet ein paar Mohrrüben in Scheiben, thut dieselben nebst einer Rinde von schwarzem Brot auch daran, und läßt Alles durchschwitzen. Unterdessen muß man sich schon eine Pastete von dem gebrannten Teig, wie oben bei der Hasenpastete gezeigt wurde, verfertigt haben, so wie auch eine Farce von etwas Wildfleisch und Klößchen. Dieses Alles rangirt man nun in diese Form, immer mit dem gedämpften Fleische und der Farce abwechselnd, doch muß unten und oben Farce seyn, giebt das obere Fett von der

Sauce, worin das Wild gedämpft wurde, mit einem Löffel darüber, und nachdem der Deckel darauf ist, bäckt man sie in 1 Stunde in einem nicht allzuheißen Ofen gar. Hierzu kann man eine braune Sardellensauce nach Nr. 36. machen, wozu man aber den Wild-Jus verwendet.

182. Pastete von Repphühnern.

Diese Pastete wird ganz auf die nämliche Weise bereitet, wie bei den vorhergehenden gezeigt wurde; doch machen auch Viele die Form von Blätterteig, um diesen mitessen zu können, da die Repphühner nicht so ergiebig sind, als anderes Wild. Sonst ist es immer Regel, jede Art Wild in gebranntem Wasserteig zu geben. Auch der Teig Nr. 172. ist sehr passend dazu. Von Lerchen, Krammetsvögeln und sonstigem Wild kann man immer auf die nämliche Weise damit verfahren, und es bleibt die Wahl des Teiges Jedem selbst überlassen.

183. Pastete von Schnepfen.

Hierzu verfertigt man eine Pastete von feinem Blätterteig, dann nimmt man die Schnepfen aus und halbirt sie, legt sie gleich den Hasen eine Nacht hindurch in Wein, und bereitet den andern Tag folgenden Jus. Man hackt die Eingeweide von den Schnepfen recht fein, röstet ein paar Löffel voll Mehl und eben so viel geriebene Semmel gelb, thut das Gehackte dazu, schwitzt es noch mit durch, giebt dann den Wein, worin die Schnepfen gelegen, nebst etwas Bouillon darauf und läßt es aufkochen. Nun legt man die Schnepfen hinein und läßt sie gar werden, welches bald geschehen ist, nimmt sie dann wieder heraus und legt sie in die Pastete, thut ein paar Löffel voll von der Sauce darüber und giebt die übrige besonders zu Tische.

184. Pastete von Hechten.

Man nimmt so viel Fische, daß man, nachdem man sie geschuppt, aus einander gerissen und von allen Gräten sorgfältig befreit hat, so viel übrig behält, um Farce und Klößchen davon bereiten zu können. (Letztere müssen aber, wie bei jeder Pastete, erst abgekocht werden.) Nun setzt man eine Pastete von gutem Blätterteig auf, giebt von der nach Nr. 17. verfertigten Farce eines Fingers dick hinein, legt dann die Stückchen Fisch (welcher vorher wenigstens zwei Stunden in Salz gelegen und mit einem Tuche wieder recht rein abgetrocknet worden) darauf, auf jedes derselben ein kleines Stückchen Butter, dann die Farce, und so fort, bis es genug ist, macht den Deckel darüber und bäckt sie in 1½ Stunden schön hellgelb gar, hebt den Deckel behutsam ab, thut die Klößchen nebst etwas weißer Sardellensauce dazu, legt ihn

wieder darüber, und bringt sie mit weißer Sardellensauce zu Tische.

185. Pastete von Karpfen.

Wenn der Karpfen von allen Schuppen gereinigt ist, reißt man ihn aus einander, und schneidet ihn in schmale Stücken, salzt ihn nur wenig
und gießt rothen Wein darüber, worin man ihn
2 bis 3 Stunden liegen läßt. Unterdessen macht
man von dem Abgang des Fisches, als: Kopf,
Schwanz und noch etwas von den andern Stücken,
eine Farce, man schabt das Fleisch ab, nimmt alle
Gräten heraus, und hackt es mit einigen Sardellen und etwas Citronenschale recht fein, nimmt 3
Loth Butter, rührt sie zu Sahne, giebt etwas geriebene Semmel und ein paar Eier, nebst dem gehackten Fischfleisch dazu, und kostet, ob es von Geschmack gut ist. Nun schmiert man eine runde
Mehlspeisenform recht dick mit Butter, belegt an
den Seiten herum den Rand mit Blätterteig nach
Nr. 167., thut nun die Hälfte von der Farce in
die Form, legt den Fisch darauf herum, gießt etwas von dem Wein dazu, dann die übrige Farce,
macht einen Deckel darüber von dem nämlichen Blätterteig, bäckt die Pastete in einem wohl ausgeheizten
Ofen in $\frac{3}{4}$ Stunden gar, und giebt sie nun in der
Form und mit einer Sardellensauce zu Tische.

186. Pastete von Bärmeteig.

Es wird ½ Pfund Butter zu Sahne gerührt, nach und nach das Gelbe von 6 Eiern und das zu Schnee geschlagene Weiße dazu gethan, nimmt einen Tassenkopf voll lauwarmer Milch, 4 Eßlöffel voll Bärme, und Mehl so viel, daß der Teig so dick wie der eines Napfkuchens ist, salzt ihn so viel als nöthig ist, und thut ihn in eine Form, welche man vorher mit Butter ausgeschmiert und mit geriebener Semmel bestreut hat, läßt ihn auf einer warmen Stelle gehörig gehen, und bäckt ihn dann in einem wohl ausgeheizten Ofen gar. Wenn man die Pastete heraus genommen hat, so stülpt man sie auf die Schüssel, schneidet den Boden davon ab und höhlt alle Krume heraus, füllt ein beliebiges Fricassee von zahmen Federvieh oder Kalbfleisch in die ausgehöhlte Pastete, legt den Deckel wieder gut darauf und bringt es mit der Sauce von dem Fricassee zu Tische.

187. Kleine Farcepasteten.

Man hackt 1 Pfund recht zartes Kalbfleisch ganz fein, rührt ½ Pfund Butter zu Sahne, thut das Gelbe von 6 Eiern, ¼ Pfund gut ausgewässerte und fein gehackte Sardellen, den Schnee der 6 Eier, und geriebene Semmel so viel, als zu einem feinen Kloßteig nöthig ist, dazu, kostet die

Farce, ob sie gehörig gesalzen ist, und füllt nun
die kleinen Pastetchen damit an.   Hiezu nimmt man
einen von den angezeigten Blätterteigen, womit
man kleine Kupfer- oder Blechformen auslegt, thut
einen Löffel voll Farce hinein, macht einen Deckel
von Teig darüber, schneidet ihn mit einem Messer
rund ab, bestreicht sie mit Ei, und setzt diese kleine
Formen alle auf ein Blech, wo man sie dann in
einem Ofen in 1½ Stunden, die dazu nöthig sind,
gar backen läßt.

Achter Abschnitt.
Von der Zubereitung der Braten.

188. Kälberbraten.

Von einer Kalbskeule haut man das untere lange Bein ab, welches man mit dem Suppenfleisch kochen kann; klopft sie mit einem hölzernen Schlägel recht mürbe, wäscht sie ab, legt in die Bratpfanne ein sogenanntes Bratengitter, oder in Ermangelung desselben einige abgebrochene Kellen in die Quere hinein, und den Braten darauf, salzt ihn gehörig, giebt etwas Wasser unten in die Pfanne und stellt ihn so in den Bratofen. Nun wird sogleich (zu einem großen Braten kann man immer 1 Pfund nehmen) Butter geschmolzen, bis sie gelb ist. Diese setzt man nun neben oder auf den Bratofen, begießt den Braten damit, und wiederholt dies so oft als möglich. Ist die Butter verbraucht, und fängt der Braten an gelb zu werden, so kann man auch immer noch etwas kochendes Wasser zu-

gießen, damit man Sauce erhält, doch darf nicht
zu viel zugegossen werden, denn ein guter Kalbsbraten erfordert auch gute Sauce.

Man kann auch die Butter in Stücken auf
den Braten, nachdem er gesalzen ist, herumlegen,
und in den Ofen so abschmelzen lassen. Uebrigens
muß er fortwährend begossen werden. Das Umwenden des Bratens ist indeß gar nicht nöthig,
denn er wird immer viel schöner, wenn er mit der
oberen Seite nie in die Sauce kommt. Man muß
darauf sehen, daß er nicht tief in der Brühe liegt,
denn sonst wird die untere Seite gewöhnlich schlecht.
Wer einen Kalbsbraten ganz nach französischer Ma-
nier braten will, muß gar kein Wasser in die Pfanne
thun, sondern denselben in bloßer Butter braten,
wo man denn natürlich keine irdene, sondern am
besten eine eiserne Pfanne nehmen muß; nur dann,
wenn der Jus zu braun werden will, kann man
etwas Wasser zugießen. Auch darf der größte
Braten nicht länger als 2 Stunden braten, und
zwar in einem glühend heißen Ofen. Hat man
ein Nierenstück, so ist bloß dabei zu bemerken, daß
man dasselbe mit der Niere nach oben in den Ofen
stellt, und auch eben so auf die Tafel bringt.

189. Hammelbraten.

Dieser wird gleichfalls recht tüchtig geklopft,
damit er recht mürbe wird. Dann macht man
die

die oberste Haut etwas davon ab, salzt ihn gehörig und setzt ihn mit kaltem Wasser in einem mäßig heißen Ofen, wo derselbe 1 Stunde lang nur langsam braten darf. Später wird er bei größerer Hitze gar gebraten. Auch darf der Hammelbraten nie zu wenig Sauce haben, da er gewöhnlich schwer weich wird. Eine Hauptregel ist, daß man nie frischgeschlachtetes Hammelfleisch nehme, sondern es so lange, als dasselbe gut bleibt, hangen läßt.

190. Hammelbraten mit Gurken.

Man verfährt damit, wie eben bei dem Hammelbraten gezeigt wurde. Eine Stunde bevor man ihn anrichtet, füllt man alles Fett so ziemlich ab, schneidet zu einer Keule 2 abgeschälte frische Gurken, eben so wie zum Salat, in die Sauce, läßt dieselben nun damit ganz zusammen braten, und schlägt die Sauce zuletzt durch ein Haarsieb und servirt sie zum Braten, welchen man mit kleinen, ganzen, etwas gelb gebratenen Kartoffeln garnirt.

191. Hammelbraten mit Birnen.

Dieser wird ganz auf dieselbe Weise im Ofen gebraten. Wenn man ihn ungefähr 1 Stunde im Ofen hat, (3 Stunden braucht eine Hammelkeule gewöhnlich), so legt man in die Pfanne, neben den Braten, frische abgeschälte Birnen, wie man sie zum

F

Kochen gewöhnlich nimmt, bis die Pfanne ganz
belegt ist, bratet nun die Keule unter fortwäh-
rendem Begießen gar und giebt sie dann mit den
Birnen garnirt zu Tische.

192. Hirsch- oder Rehziemer.

Nachdem der Ziemer etwas abgewaschen ist,
wenn er vorher in Salzwasser ziemlich lange gelegen hat, schneidet man alles Unreine ab, und
löst mit einem recht scharfen Messer alle Häute von
demselben ab, legt ihn mit Butter bedeckt in eine
Bratpfanne, gießt etwas kochendes Wasser auf den
Boden derselben, salzt den Braten gehörig, stellt
ihn in einen gut ausgeheizten Ofen, und begießt
denselben so oft als möglich. Auch kann man ihn
mit süßer Sahne begießen, was jedoch nur abwechselnd geschehen darf. Wenn er gar ist, so nimmt
man halb geriebene Semmel und halb Roggenbrot,
begießt den Braten recht gut mit der Sauce, bestreut ihn ganz dick mit dieser Mischung, welche
etwas gesalzen seyn muß, und begießt ihn mit sau-
rer dicker Sahne, läßt ihn noch etwas gelb werden und bringt ihn dann zur Tafel. Auf diese
Weise kann man ihn auch am Spieße braten.

193. Hirsch- oder Rehkeulen.

Diese werden ganz auf dieselbe Weise abgehäutet, und mit Butter und Sahne gebraten. Wenn

man die saure Sahne weglassen will, oder vielleicht auch die süße nicht gern hat, so kann der Braten ganz mit Butter begossen, zuletzt nur mit geriebener Semmel bestreuet und mit dem Fetten der Sauce begossen werden.

194. Gebratene Repphühner.

Wenn diese von allen Federn gereiniget sind, so schneidet man sie oben dicht unter dem Keulchen auf, nimmt sie aus, wäscht sie gehörig, steckt dann den Fuß in die Oeffnung, und verfährt auf der anderen Seite auf eben diese Weise, damit die Brust des Huhns recht in die Höhe gehoben wird, und legt sie dann in eine Kasserolle, in welcher man schon Butter gelb gemacht hat, setzt sie damit auf starkes Kohlenfeuer, und läßt sie unter beständigem Begießen recht saftig gar werden. Sie können auch mit Sahne begossen werden. Krammetsvögel und Schnepfen werden eben so behandelt, nur daß dieselben nicht ausgenommen, sondern mit den Eingeweiden gebraten werden.

195. Hasenbraten.

Wenn der Hase ausgebalgt und abgehäutet ist, so wird er mit Butter gebraten, wie bei dem Hirschziemer gezeigt wurde, und da man denselben nicht spicken darf, so bekommt er durch das geriebene Brot wenigstens etwas Ansehen. Auch darf

man die Butter dabei nicht sparen. Zu einem Hasen kann man 1 Pfund Butter rechnen.

196. Hasenbraten auf französische Art.

Man häutet den Hasen recht rein, und haut
ihn in kleine Stücken. Dann thut man ½ Pfund
Butter, eine Handvoll in feine Scheiben geschnittener Mohrrüben, etwas Salz, Citronenschale und
halb rothen Wein halb Wasser, daß es mit dem
Hasen gleichsteht, nebst der Rinde von einem Stück
schwarzes Brot in eine Kasserolle, deckt einen Dek-
kel, den man mit Papier verklebt, fest darauf, setzt
ihn so in den heißen Bratofen, und läßt ihn 1½
Stunde schmoren. Nun wird er herausgenommen,
die Sauce noch mit etwas gebranntem Zucker ge-
färbt, durch ein Sieb geschlagen und über den Hasen gegossen, und dazu von den kleinen Bärmklö-
ßen gegeben. Man kann von jedem Stück Wild
kleine Fricandeaux schneiden, sie recht tüchtig klop-
fen, etwas in Mehl umwenden, und dann auf die
nämliche Weise dämpfen, die Sauce mit etwas
braunem Mehl verlängern, und zu solchen trockne
Mehlspeisen geben.

197. Putenbraten.

Man schlägt dem Puter vor dem Ausnehmen
den Brustknochen ein, schneidet die Halshaut, wo
das Rothe aufhört, rundum ab, und hackt weiter

unten den Hals durch. Dann nimmt man den
Kropf heraus, schneidet den Puter hinten gegen den
Rücken auf, und nimmt ihn rein aus, legt ihn in
frisches Wasser, und läßt denselben so einige Stunden liegen. Unterdessen macht man eine Farce von
der Leber, dem Magen und dem Herzen des Pu-
ters, thut, weil man viel Masse zur Füllung braucht,
noch etwas kalten Braten dazu, hackt es recht fein,
schwitzt einige Hände voll geriebener Semmel in
Butter gelb, thut diese nebst so viel Eiern, als zu
einem feinen Kloßteig nöthig sind, dazu, rührt es
recht gut durch und füllt es in den Kropf. Dann
wird der Puter mit Butter und Wasser gebraten.

198. Kapaunenbraten.

Mit diesem verfährt man ganz auf die nämliche Art, nur daß man den Kopf daran läßt,
und ihn dem Kapaun unter einen Flügel steckt. Uebrigens füllt man den Kropf auf die nämliche
Weise. Wer aber das Süße vorzieht, der kann
auch zum Füllsel die Butter zu Sahne rühren, etwas Citronenschale, Zucker und kleine Rosinen dazu
thun, und dann so viel Eier und Semmel, als nöthig sind, auch einige süße Mandeln dazu nehmen.

199. Fasanenbraten.

Man schneidet dem Fasan den Kopf ab, und
bewahrt diesen auf, so wie auch die Schwanz-

federn. Dann wird er mit Butter in einem Bratofen oder am Spieß gebraten, jedoch darf niemals
die Butter gespart, sondern der Fasan muß unauf-
hörlich damit begossen werden. Ist er gar, wozu
es gewöhnlich nur einer Stunde bedarf, so steckt
man ihm den Kopf wieder auf, und legt eben so
die Federn mit auf die Schüssel. Soll der Fasan
weiß gebraten werden, so bindet man ihn in weißem, stark mit Butter beschmierten, Papier ein,
und begießt ihn dennoch immerwährend, bis er
weich ist. Dann bringt man ihn eben so auf die
Schüssel, wie oben gezeigt wurde.

200. Gebratene Lerchen.

Diese werden in einer Kasserolle oder am
Spieß mit Butter gebraten und mit geriebener
Semmel bestreut; sie dürfen nicht lange braten,
indem sie sonst zu sehr austrocknen und dadurch an
Geschmack verlieren. Auf diese Weise werden alle
Vögel behandelt.

201. Gebratene junge Hühner.

Diese werden, wie bei den Repphühnern Nr. 194.
gezeigt wurde, zugerichtet. Nun steckt man sie an
den Bratspieß, oder man macht Butter in einer
Kasserolle heiß, legt die Hühner hinein und setzt
sie auf Kohlenfeuer, wo man sie öfters umwenden
muß, damit sie schnell braten und saftig werden.

Am Spieß werden sie beständig begossen, und wenn
sie schön gelb sind, mit geriebener Semmel bestreut,
auf einen durchlöcherten Löffel ein Stück Butter
gelegt, einige glühende Kohlen darauf, und dann
diese Butter so langsam auf die bestreuten Hühner
geträufelt.

202. Gebratene Tauben.

Wenn man die Tauben braten will, so verfährt man damit ganz so, wie oben bei den Hühnern gezeigt wurde. Wenn sie jedoch gefüllt werden sollen, so wird, wenn der Kropf herausge-
zogen ist, die Haut von dem Fleische durch die
ganze Brust recht behutsam abgelöst, damit man
kein Loch hinein reißt. Nun macht man den Sem-
melklößchenteig von Nr. 14., giebt noch etwas Zukker und kleine Rosinen dazu, füllt mit einem Theelöffel die Farce in die Tauben, bindet diese fest
zu, und bratet sie in der Kasserolle oder in dem
Bratofen gar. Wer kein Freund von süßer Farce
ist, der kann auch die Lebern, Herzen und das ma-
gere Fleisch von den Tauben hacken und zum Füllsel nehmen.

203. Tauben wie Repphühner zu braten.

Hierzu muß den Tauben der Hals nur umge-
dreht werden, ohne daß man den Kopf abreißt,
oder sie bluten läßt. Dann werden sie gerupft und

ausgenommen, eben so wie Hühner. Nachdem sie ausgewaschen sind und alles Wasser davon abgelaufen ist, legt man sie in Wein, worin sie zwei Tage unter öfterm Umwenden liegen bleiben. Hernach werden sie wie Repphühner gebraten, nur daß man zu der Butter beim Braten, statt Wasser, hier etwas Wein zugießt.

Neunter Abschnitt.

Von der Zubereitung verschiedener Backwerke.

---

204. Brottorte.

Man reibt 6 Loth schwarzes Roggenbrot, träufelt den Saft von einer Apfelsine darüber, und sollte es nicht ganz damit befeuchtet seyn, so giebt man ein paar Löffel voll Wein dazu; doch darf es nicht zu naß sondern nur befeuchtet seyn. Unterdessen rührt man 8 Eidotter mit ¼ Pfund fein gesiebten Zucker und ¼ Pfund abgezogener und mit etwas Eiweiß ganz zu Brei gestoßener süßer Mandeln zusammen, reibt etwas Citronenschale auf Zukker ab, und thut es nebst dem angefeuchteten Brote und dem Schnee der 8 Eier dazu, schmiert eine Tortenform mit Butter, bestreut sie mit schwarzem Brote, füllt die Masse hinein und bäckt sie in einem gut durchheizten Ofen langsam gar. Man kann mit dem Weißen eines Eies, welches man mit 4 Loth ganz feinen Zucker dick rührt und einige Tropfen Apfelsinensaft dazu drückt, nachher die Torte, wenn sie etwas kalt geworden ist, bestreichen, dann noch einmal zum Trocknen in den Ofen stellen, und hierauf mit Früchten garniren.

205. Mandeltorte.

Man stößt ½ Pfund süßer Mandeln mit dem Weißen von den Eiern, welche man zu der Torte nimmt, ganz zu Brei. Dann rührt man 10 Eidotter mit ½ Pfund Zucker und den gestoßenen Mandeln ganz leicht und schäumig, thut 3 Loth geriebenes Milchbrot, etwas auf Zucker abgeriebene Citronenschale, und ganz zuletzt das zu steifem Schnee geschlagene Weiße der Eier dazu, füllt es in eine mit Butter ausgeschmierte und mit geriebener Semmel bestreute Form, und verfährt dabei, wie oben bei der Brottorte gezeigt wurde.

206. Sandtorte.

Man reibt ¾ Pfund Butter, welche recht frisch seyn muß, mit 8 Eidottern eine halbe Stunde lang auf einer Seite. Dann thut man 12 Loth Zucker, die Schale von einer halben Citrone auf demselben abgerieben, und den Schnee der 8 Eier dazu, und rührt es noch eine halbe Stunde auf die nämliche Weise. Nun erst rührt man 1 Pfund von dem allerfeinsten Weizenmehl dazu. Unterdessen wiegt man mit dem Wiegemeſſer ¼ Pfund abgezogene ſüße Mandeln, mengt eben ſo viele kleine Roſinen, mit etwas Zucker vermiſcht, zu den Mandeln, giebt die Hälfte des Tortenteiges in die Form, ſtreut die gemengten Mandeln dick darauf herum, nun die andere Hälfte des Teiges, und ſtellt es ſogleich in den Ofen. Wenn man will, kann man auch ein= gemachte Früchte dazwiſchen füllen.

207. Sandtorte auf eine andere Art.

Ein Pfund Schmelzbutter wird eine Stunde lang gerührt, dann 1 Pfund Zucker mit 12 Eidottern, ½ Pfund feines Weizen= und eben ſo viel Kraftmehl nebſt der Schale einer halben Citrone dazu gethan, und in einem wohl ausgeheizten Ofen langſam gebacken, da dieſe Maſſe etwas ſchwer iſt und leicht ſitzen bleibt. Außerdem aber iſt es eine der beſten Torten.

208. Schichttorte.

Es wird 1 Pfund Schmelzbutter mit 12 Ei= bottern und ½ Pfund recht fein geſiebten Zucker eine ganze Stunde lang auf eine Seite gerührt. Dann kommt die Schale von einer halben Citrone nebſt 1 Pfund vom feinſten Mehl, ſo wie das Weiße der 12 Eier, zu Schnee geſchlagen, dazu, und wird auf folgende Weiſe damit verfahren. Man nimmt eine ganz niedrige Blechform, oder in Ermangelung dieſer, macht man ſich eine von

Papier, bestreicht sie mit Butter, gießt von dem
Teig eines halben Fingers dick hinein, und bäckt
es so nach und nach in einem gut durchheizten,
aber ja nicht zu heißen, Ofen aus, belegt dann
eine Schicht mit Fruchtgelee, nun wieder eine
zweite Schicht darauf, die man mit einer andern
Art Fruchtgelee belegt, und so fort, bis sie alle
sind. Dann wird das Weiße von drei Eiern zu
ganz steifem Schnee geschlagen, 12 Loth fein ge=
siebter Zucker dazu gerührt, die auf einander ge=
schichtete Torte oben und an den Seiten damit be=
strichen, diese noch etwas in den Ofen zum Trock=
nen gesetzt, und dann erst mit eingemachten ganzen
Früchten garnirt.

209. Semmeltorte.

Zu dieser werden einige Milchbrote von der
äußern Rinde ganz befreit, indem man sie mit ei=
nem recht scharfen Messer abschält, oder auf einem
Reibeisen alles Braune abreibt. Dann werden sie
in einige Stücke zerschnitten und in einem Brat=
ofen zwischen Papier ganz hart getrocknet, so daß man
sie zerstoßen und durch ein feines Sieb geben kann.
Nun rührt man 15 Eidotter mit 20 Loth fein ge=
siebten Zucker und der auf Zucker abgeriebenen
Schale von einer halben Citrone recht schäumig
und so lange, bis es anfängt, sich in der Schüs=
sel zu vermehren. Dann kommen 12 Loth von

dem zubereiteten feinen Milchbrote und die zu
steifem Schnee geschlagenen 15 Eiweiß, nebst ¼ Pfd.
recht rein verlesener und gewaschener kleiner Rosinen dazu, und nun sogleich damit in die Form
und in den Ofen, wo man es wie eine Mandel-
torte behandelt.

210. Karmeliter Torte.

Man rührt 12 Eidotter mit ¾ Pfund fein
gesiebten Zucker eine halbe Stunde lang. Dann
thut man etwas auf Zucker abgeriebene Citronenschale, 12 Loth Kraftmehl, den Schnee der 12 Eier,
und ganz zuletzt ¼ Pfund süße Mandeln, welche
man, nachdem sie von den Schalen befreit sind,
der Länge nach so dünn als möglich geschnitten
hat, dazu. Nun kommt die Masse sogleich in die
auf gewöhnliche Weise zubereitete Form, und wird
in einer Stunde gebacken. Von den geschnittenen
Mandeln läßt man eine Handvoll zurück, welche
man auf die Torte streut, ehe sie in den Ofen
kommt. Wenn dieselbe gar ist, wird sie aus der
Form gestülpt, jedoch gleich wieder umgekehrt, damit die Mandeln nach oben kommen, und mit
Zucker bestreut.

211. Chocolatentorte.

Ein halbes Pfund fein gesiebter Zucker wird
mit 15 Eidottern eine halbe Stunde lang nach einer

Seite gerührt, dann etwas auf Zucker abgeriebene Citronenschale, 6 Loth recht gute, geriebene Chocolate ohne Gewürz, ¼ Pfund durch ein Sieb geschlagenes Kraftmehl, und das zu steifem Schnee geschlagene Weiße von 8 Eiern dazu gethan, in eine Blech- oder Papierform gefüllt, und in einer Stunde in nicht allzu heißem Ofen gebacken.

212. Biscuittorte.

Man schlägt 12 Eier in einen großen Topf, thut ½ Pfund Zucker nebst etwas auf demselben abgeriebener Citronenschale dazu und schlägt es mit einem Schneebesen 1½ Stunde lang immer auf eine Seite. Dann kommt noch ½ Pfund durchgesiebtes Kraftmehl dazu und Alles sogleich in die dazu bereitete Form. Nun bäckt man sie in einem nicht zu heißen Ofen in einer Stunde gar.

213. Biscuittorte auf eine andere Art.

Es werden 8 Eidotter mit ½ Pfund Zucker, welcher recht fein gesiebt ist, ¾ Stunden gerührt, dann ½ Pfund feines Mehl, das Gelbe von einer Viertel-Citrone, auf Zucker abgerieben, und der Schnee von den 8 Eiern dazu gerührt, in die Form gefüllt und wie die obige gebacken.

214. Butterbiscuit.

Ein Pfund Butter, welche von allem Salze

gereinigt ist, wird so leicht wie Schaum gerührt, dann kommt 1 Pfund fein gesiebter Zucker und 12 Eidotter, immer 1 Eidotter und etwas Zucker, so wie etwas Citronenschale und 1 Pfund recht feines Mehl dazu, ganz zuletzt ¼ Pfund gereinigte kleine Rosinen und das zu Schnee geschlagene Weiße der 12 Eier. Dazu nimmt man am liebsten kleine Tortenförmchen, welche man mit Butter bestreicht, mit Semmel bestreut und auf einem Bleche in den Ofen setzt.

215. Mandelbiscuit.

Man schält ½ Pfund süße Mandeln ab und stößt sie mit Eiern ganz zu Brei. Dann rührt man ½ Pfund fein gesiebten Zucker und 10 Eidotter recht schaumig, thut die Mandeln und zuletzt das zu Schnee geschlagene Weiße der 10 Eier dazu, und behandelt sie, wie bei den vorhergehenden Torten gezeigt wurde.

216. Aufgestrichene Torte.

Ein Pfund Butter wird recht schaumig gerührt, dann thut man nach und nach 12 Eidotter, 1 Pfund recht fein gesiebten Zucker, 1 Pfund abgeschälte und mit Eiweiß ganz zu Brei gestoßene süße Mandeln, das Gelbe von einer halben Citrone und ¼ Pfund recht feines Mehl dazu. Nun formirt man eine Torte so groß, als beliebt, auf ei=

nem Blech, und läßt von dem Teige so viel zurück, um einen kleinen Rand und mehrere Streifen auf die Torte davon machen zu können. Dann belegt man diesen Boden dick mit eingekochten Früchten, entweder Kirschen, Himbeeren, Aprikosen ꝛc., legt einen Teigstreifen um das Füllsel herum, dann wieder kreuzweise, und zuletzt noch einen herum, bestreicht es mit Wasser, streut Zucker darauf und läßt es backen.

217. Sahnentorte.

Wenn man diese Torte machen will, so muß man sich den Abend vorher das Füllsel (Fülle) dazu kochen und auch den Teig zubereiten. Man schält und reibt auf dem Reibeisen ½ Pfund süße Mandeln und das Gelbe von einer halben Citrone auf Zucker ab, und zerschlägt den übrigen, welches im Ganzen ½ Pfund seyn muß, in kleine Stücke. Nun nimmt man ¾ Quart süße Sahne in eine Kasserolle, thut den Zucker und die Mandeln dazu und setzt es auf das Feuer. Wenn es anfängt zu kochen, so quirlt man 2 Eßlöffel voll Mehl mit 4 Eibottern und noch ¼ Quart Sahne zusammen, so daß es im Ganzen 1 Quart Sahne ist, giebt es zu der kochenden in der Kasserolle und läßt es unter beständigem Umrühren zu einem steifen Brei werden, welchen man, wenn er gar ist, auf eine große Porzellanschüssel thut, und nachdem er ausgekühlt ist, in den Keller stellt. Nun bereitet man den Zuckerteig nach Nr. 170., belegt davon den andern Tag ein Randblech, giebt das gekochte Füllsel hinein und bäckt es im Ofen eine Stunde lang.

218. Sahnentorte auf eine andere Art.

Man reibt den vierten Theil von einer Citronenschale an ¼ Pfund Zucker ab, thut das mit ¼ Quart guter süßer Sahne zum Feuer, quirlt 12 Eidotter dazu und läßt es so lange kochen, bis es ganz dick ist. Dann nimmt man es vom Feuer, damit es abkühlt, füllt es nun in eine mit dem vorgeschriebenen Butterteige ausgelegte Form und läßt es gar werden.

219. Cremetorte.

Man macht von dem Nr. 172. beschriebenen mürben Butterteige eine schöne Torte, welche man leer bäckt. Unterdessen kocht man folgenden Creme: Es wird etwas Citronenschale an ¼ Pfund Zucker abgerieben, dann quirlt man 6 Eidotter mit einem starken Eßlöffel voll Mehl und ¼ Quart süßer Sahne zusammen, giebt den Zucker dazu, thut Alles in eine Kasserolle und läßt es unter beständigem Umrühren so lange kochen, bis es dick ist. Dann belegt man die leere Torte eines Fingers dick mit einem Fruchtgelee, giebt den Creme bis auf ein paar Löffel voll barüber, schlägt das Weiße von den 6 Eiern zu steifem Schnee, thut den übrigen Creme dazu und giebt es auf das Ganze, stellt die Torte noch einmal in einen heißen Ofen, wo sie aber nur von oben Hitze hat, und läßt den Creme so gelb werden; auch von dem Zucker, worauf die Citrone abgerieben wurde, muß man etwas zurücklassen, um es zu dem Eierschnee thun zu können.

220. Masarinen-Torte.

Ein Pfund süße Mandeln werden, nachdem sie abgebrüht und von den Schalen befreit sind, mit ungefähr 6 ganzen Eiern in einem Mörser nach und nach ganz zu Brei gestoßen. Dann rührt man 1 Pfund fein gesiebten Zucker mit 16 Eiern, bis er ganz leicht und schäumig ist, thut die Schale einer halben auf Zucker abgeriebenen Citrone und die gestoßenen Mandeln, nebst einer Tasse süßer Sahne dazu, rührt es noch eine Zeit lang und füllt diese Masse dann in feinen Blätter- oder süßen Zuckerteig, wozu bei den Pasteten die Vorschriften zu finden sind.

221. Aepfeltorte.

Man nimmt hiezu recht schöne Borsdorfer Aepfel, schält und schneidet sie in feine Scheibchen, dann läutert man ein Stück Zucker mit etwas Wasfer, thut die Aepfel nebst etwas Citronenschale und so viel kleinen Rosinen, als man wünscht, dazu, kocht es so lange, bis es sich ganz zu Brei zerrühren läßt, und setzt es dann an eine kalte Stelle, damit es etwas steif wird. Nun rührt man 4 Eidotter mit 4 Loth ganz fein gestoßenen süßen Mandeln und dem Weißen der Eier, welches zu Schnee geschlagen ist, zu den Aepfeln, und macht dann folgenden Teig: Man nimmt ½ Pfund Mehl, ¼ Pfund fein gesiebten Zucker, ein paar Loth frische Butter und 3 Eßlöffel voll Wein. Davon macht man auf dem Backbrett einen geriebenen Teig, formirt eine Torte davon, füllt die Aepfel hinein, macht ein zierliches Gitter darüber und bäckt sie schön hellbraun in einem wohl geheizten, aber nicht glühenden Ofen.

222. Pflaumentorte.

Die frischen Pflaumen werden mit kochendem Wasser begossen und dann von den Schalen und Steinen befreit. Nun kocht man sie, wie eben bei den Aepfeln gezeigt wurde, macht auch den nämlichen, oder einen bei den Pasteten beschriebenen Teig, und bäckt sie auf die nämliche Weise.

223. Kirschentorte.

Wenn die Kirschen ausgesteint sind, so läßt man sie mit Zucker in ihrem eigenen Safte weich und kurz einkochen, und wenn sie erkaltet sind, so füllt man sie in einen Zuckerteig, wie bei Nr. 170. oder bei der Aepfeltorte gezeigt wurde.

224. Kirschentorte auf eine andere Art.

Es werden 12 Eidotter mit ½ Pfund Zucker und ½ Pfund fein gestoßenen Mandeln recht leicht gerührt. Dann reibt man recht schönes schwarzes Roggenbrot, und thut gleichfalls ½ Pfund davon, so wie etwas auf Zucker abgeriebene Citronenschale, den Schnee von den 12 Eiern und ganz zuletzt 1½ Pfund ausgesteinter Kirschen dazu, bestreicht eine Form mit Butter, bestreut sie mit Roggenbrot und füllt die Masse hinein. Wer lieber geriebene Semmel dazu nehmen will, dem steht es frei, indem Manchem das Roggenbrot zu schwer ist.

225. Himbeerentorte.

Wenn die Himbeeren verlesen sind, so bestreut man sie mit Zucker und einer Hand voll geriebenem Zwieback. Dann werden 8 Eidotter mit ½ Pfund Zucker und eben so viel süßen zu Brei gestoßenen Mandeln ½ Stunde gerührt, dann etwas Citronenschale und der Schnee von den 8 Eiern dazu gerührt, eine Form mit Butter bestrichen und mit gestoßenem Zwieback bestreut, die Himbeeren hinein gethan, ein Eiercreme darüber gegeben und gleich in den Ofen gesetzt. Auch kann man die

Himbeeren darunter thun, bevor man sie in die
Form bringt, damit sie sich recht vermischen.

226. Erdbeerentorte.

Damit verfährt man ganz so, wie eben bei der
Himbeerentorte gezeigt wurde.

227. Weintraubentorte.

Die Weintraubentorte macht man gleichfalls
auf die Weise, wie bei der Himbeerentorte. Man
kann auch eine Torte von süßem Butterteig nach
Nr. 173. zubereiten, die mit Zucker mehrere Stunden vorher bestreuten Traubenbeeren dreifach auf
einander hineinlegen, eine kleine Hand voll gestoßenen Zwieback oder geriebenes Milchbrot darauf
streuen und dann folgenden Creme machen: Man
schlägt das Weiße von 16 Eiern zu steifem Schnee,
thut ¼ Pfund fein gesiebten Zucker, ¼ Pfund mit
Eiweiß zu Brei gestoßene Mandeln, die Schale von
einer halben auf Zucker abgeriebenen Citrone dazu,
füllt es auf die Weintrauben und eilt sogleich damit in den Ofen. Eine Stunde lang muß diese
Torte backen.

228. Aprikosentorte.

Man läßt Zucker mit etwas Wasser so lange
kochen, bis er anfängt Faden zu ziehn. Dann läßt
man die Aprikosen, nachdem sie aus einander ge-

schnitten und die Steine herausgenommen sind, et=
was weich dünsten, legt sie dann mit einem
Schaumlöffel heraus und läßt den Saft ganz zu
Syrup kochen. Unterdeß macht man von einem
der vorgeschriebenen Zuckerteige eine Torte, legt die
Aprikosen in dieselbe, macht einen Creme von 8
Eiern, ¼ Pfund fein gesiebten Zucker, ¼ Pfund mit
Eiweiß von den 8 Eiern zu Brei gestoßenen süßen
Mandeln, giebt ihn darüber und läßt es so backen.
Wenn die Torte kalt ist, so wird sie mit dem Apri=
kosensyrup bestrichen und mit Confect garnirt.

229. Pfirsichtorte.

Diese wird ganz wie die Aprikosentorte berei=
tet, nur daß man die Pfirsiche abschält, da ihre
Schäle viel zu dick ist, um weich zu werden.

230. Birnentorte.

Hierzu muß man recht gute Muscateller=,
oder sonst wohlschmeckende Birnen nehmen. Wenn
sie abgeschält und in der Mitte durchgeschnitten sind,
auch der Kern rein herausgenommen ist, so werden sie
in Zucker, welcher mit etwas gutem Wein geläu=
tert ist, weich, doch nicht mußig gekocht. Dann
wird die Torte so wie der Creme eben so gemacht,
wie bei der Aprikosentorte gezeigt wurde.

231. Quittentorte.

Wenn 6 Stück Quitten in Waſſer weich gekocht ſind, ſo zieht man, ſo lange ſie noch warm
ſind, die Haut davon, reibt ſie auf einem Reibei-
ſen, ſchlägt ſie durch ein Haarſieb, und nimmt
dann, ſo ſchwer die Quitten ſind, halb ſo viel fein
geſiebten Zucker, welchen man darunter rührt. Unterdeſſen macht man ſich die Torte von Blätter-
oder Zuckerteig und giebt mit einem Löffel die Hälfte
der Quitten darauf herum, rührt 6 Eier, eine
Hand voll geſtoßene Mandeln und etwas Citronenſchale dazu und ſtreicht es auf die erſte Lage. Dann
kann man ein zierliches Gitter von dem Teige darauf machen, mit Ei beſtreichen, mit Zucker beſtreuen
und in einer Stunde gar backen.

232. Bärme- oder Hefenteigkuchen.

Man rührt ½ Pfund Butter zu Sahne, dann
legt man 8 Eier in warmes Waſſer und ſetzt ſich
auch ein wohl gewogenes halbes Pfund Mehl dabei. Wenn man 1 Ei in die Butter gerührt hat,
ſo thut man 1 Löffel voll Mehl dazu, und ſo fort,
bis Beides in die Butter gethan iſt, giebt 4 Loth
fein geſiebten Zucker dazu und rührt es noch eine
gute halbe Stunde immer auf eine Seite. Zuletzt
kommt eine Priſe Salz und 4 Eßlöffel voll ganz
dicker Bärme dazu. Wenn man nun einen Kuchen

machen will, so bestreut man ein Blech mit Mehl,
thut von dem Teige darauf, breitet mit der Hand,
welche man gleichfalls in Mehl taucht, denselben
darauf aus, macht ihn mit dem Nudelholze schön
glatt und kneift rings herum mit den Fingern einen Rand. Nun bestreicht man den Kuchen mit
Butter und bestreut ihn mit Zucker und abgeschälten, länglich geschnittenen süßen Mandeln, läßt ihn
an einem warmen Orte gehen und bäckt ihn schön
hellgelb.

233. Bärme- oder Hefenteigkuchen auf eine andere Art.

Es wird ½ Pfund Butter zu Sahne gerührt,
nach und nach 6 Eidotter dazu gethan, dann 6
Loth gesiebter Zucker, etwas Citronenschale, ¾ Pfund
feines Mehl, 1 Tassenkopf süße Sahne, der Schnee
der 6 Eier, eine Prise Salz, 3 Eßlöffel voll dicker
Bärme dazu genommen und dieses gebacken, wie vorher gezeigt wurde.

234. Bärme- oder Hefenteigkuchen auf eine dritte Art.

Eine halbe Metze Mehl, ¾ Pfund Butter, 4
Loth Zucker, etwas Citronenschale, 4 Eier, etwas
Sahne und 4 Löffel voll recht dicker Bärme berei-
tet man wie einen gewöhnlichen Bärmeteig.

235. Braun-

235. Braunschweiger Kuchen.

Man nimmt ¼ Metze Mehl in eine Schüssel, macht in der Mitte ein Loch, rührt ¼ Quart Bärme mit lauwarmer Milch in derselben, so daß ungefähr die Hälfte von dem Mehl zu dem Hebestück angemacht ist, und setzt es so an einen warmen Ort zum Gehen. Unterdessen rührt man ¾ Pfund Butter, welche von allem Salz und aller Unreinigkeit befreit ist, zu Sahne, giebt ¼ Pfund gesiebten Zucker, das Gelbe von 5 Eiern, 4 Loth süße Mandeln, welche mit dem Wiegemesser ganz fein gewiegt sind, den vierten Theil einer Citronenschale, ¼ Pfund große und eben so viel kleine Rosinen, und zuletzt das Hebestück sammt dem noch neben demselben befindlichen Mehl und das zu Schnee geschlagene Weiße der 5 Eier dazu. Nachdem Alles zusammengemischt ist, wird es mit einer breiten Kelle geschlagen, bis es beinahe von derselben abläßt. Dann wird ein Blech mit Butter geschmiert, der Kuchen darauf gethan, mit der Hand recht gleich aus einander gemacht und wieder an einen warmen Ort zum Gehen gesetzt. Ist er im Gehen, so bestreicht man ihn mit geschmolzener Butter und setzt ihn in den Ofen, wo er in einer Stunde gar backen muß. So wie er aus demselben genommen wird und noch ganz heiß ist, bestreicht man ihn wieder recht dick mit geschmolzener Butter und be-

G

streut ihn einen Messerrücken dick mit fein gesiebtem Zucker, welches weit angenehmer schmeckt, als
Eier und Eis.

236. Kaffeekuchen.

Man reibt ¾ Pfund Butter zu Sahne, quirlt
6 Eier mit einer Prise Salz recht gut durch, und
rührt es nach und nach zur Butter, so wie ¾ Pfund
Zucker, 12 Loth feines Mehl und etwas Citronenschale. Nachdem Alles zusammen gerührt ist, thut
man es auf ein Blech, streicht es aus einander, bestreicht es mit einem gequirlten Ei und bestreut es
ganz dick mit fein gehackten Mandeln und Zucker.
Wenn der Kuchen gebacken ist, so schneidet man
ihn mit dem Messer in beliebige Stückchen, weil er
beim Liegen so hart wird, daß man ihn nicht schneiden kann.

237. Gebrühter Kuchen.

Von einem halben Quart Milch setzt man die
Hälfte mit 4 Loth Zucker, worauf etwas Citronenschale abgerieben wurde, und ¼ Pfund frischer Butter auf das Feuer. Unterdessen quirlt man ½ Pfund
recht feines Mehl mit der zurückgelassenen Milch an,
gießt es, wenn die Milch kocht, unter beständ-
digem Umrühren dazu, und läßt den Teig so lange
auf dem Feuer, bis er sich von der Kasserolle ab-
löf't. Dann läßt man ihn erkalten, reibt mit der

Reibekeule das Gelbe von ungefähr 10 Eiern, und das zu Schnee geschlagene Weiße derselben dazu, legt den Teig auf ein Blech, bestreicht ihn mit geschmolzener Butter, und läßt ihn in einem recht gut ausgeheizten Ofen gar backen. Er wird noch heiß mit geschmolzener Butter bestrichen, und ganz dick mit Zucker bestreut.

238. Randkuchen.

Es wird von ½ Pfund Mehl, lauer Milch und etwas Bärme ein Ansatz gemacht, wie bei dem Braunschweiger Kuchen gezeigt wurde. Wenn derselbe recht schön aufgegangen ist, salzt man ihn etwas und schlägt ihn so lange mit der Kelle, bis er sich von derselben abschält. Alsdann wird Mehl auf ein Backbrett gestreut, der Teig darauf gelegt und mit dem Nudelholze eines Fingers dick ausgerollt. Dann schneidet man 12 Loth Butter auf die eine Hälfte des Kuchens, schlägt die andere Hälfte darüber und noch ein Mal über und rollt ihn aus. Dieses wiederholt man dreimal. Unterdessen kocht man ¼ Pfund große und ¼ Pfund kleine Rosinen mit Wein, Zucker und etwas Citronenschale ganz weich, und so kurz ein, daß kein Tropfen Brühe davon sich abfüllen läßt, hackt ¼ Pfund süße Mandeln fein und mischt sie dazu. Nun rollt man den Teig zum letzten Mal so groß, daß er eine Hand breit über das Blech geht, und legt das gekochte

Füllsel um denselben herum, schlägt den Teig darüber, bestreicht den Kuchen mit geschmolzener Butter, und läßt ihn bei mäßiger Hitze schön gelb backen. Dann wird er, sobald er aus den Ofen kommt, mit geschmolzener Butter bestrichen und mit Zucker bestreut.

239. Zweibrücker Kuchen.

Man rührt ¼ Pfund frische Butter zu Sahne, thut 3 gequirlte Eier, 4 Loth gesiebten Zucker, einen Tassenkopf voll süßer Sahne, ¾ Pfund feines Mehl, eine Prise Salz und 3 Eßlöffel dicker Bärme dazu. Wenn Alles gut durchgerührt ist, so formirt man auf einem Blech einen Kuchen von diesem Teige, läßt ihn an einem warmen Orte gut gehen, und bäckt ihn schön hellgelb. Unterdessen läßt man ein gutes Stück Butter in einer Kasserolle heiß werden, und rührt so viel Mehl hinzu, daß es noch etwas läuft. Sobald es anfängt gelb zu werden, bestreicht man den ganzen Kuchen damit, bestreut ihn dick mit Zucker, und setzt ihn noch so lange in den Ofen, bis er dunkelgelb ist. Nach dem Erkalten wird er nochmals mit Zucker bestreut.

240. Aepfelkuchen von Bärmeteig.

Man macht von ½ Metze Mehl, 5 abgequirlten Eiern, ungefähr 2 Tassenköpfen Milch und eben soviel ganz dicker Bärme einen Teig, den man an eine warme Stelle zum Aufgehen setzt. Ist dieses geschehen, so arbeitet man mit der Hand ½ Pfund geschmolzene Butter, ¼ Pfund Zucker, und, wenn man bemerkt hat, daß der Teig sehr langsam gegangen ist, noch einen Löffel voll Bärme und etwas Salz, so fein durch, als wenn man einen Butterteig machen wollte. Wenn er so glatt ist, daß man ihn mit dem Rudelholze ausrollen kann, so macht man den Kuchen nur ganz dünn, legt ihn auf ein Blech, bestreicht ihn mit Butter, und bestreut ihn mit Zucker. Nun schält man gute Aepfel, schneidet sie in 6 bis 8 Theile, und stellt sie auf den Kuchen dicht neben einander, streut fein gewiegte süße Mandeln und kleine Rosinen darüber, läßt ihn nochmals gut aufgehen und bäckt ihn bei nicht zu großer Hitze gar. Beim Herausnehmen bestreicht man ihn nochmals mit Butter und bestreut ihn dick mit Zucker. Man kann auch einen Eierguß darüber machen, wozu man 4 Eier mit 4 Loth Zucker recht schäumig quirlt, 4 Loth kleine Rosinen dazu thut, und wenn der Kuchen halb gebacken ist, den Guß darüber gießt, und ihn nun gar werden läßt.

241. Pflaumenkuchen von Bärmeteig.

Zu diesem Kuchen bereitet man sich den nämlichen Teig, wie bei dem Aepfelkuchen Nr. 240. gezeigt wurde, bestreut ihn mit einer Hand voll ge-

riebenem Milchbrote und Zucker, und setzt dann die
in Viertel geschnittenen Pflaumen ganz dicht neben
einander, so daß sie so zu sagen nur auf der Spitze
stehn, streut noch etwas Zucker darüber, und läßt
den Kuchen, nachdem er gehörig gegangen ist, eben
so, wie den Apfelkuchen backen. Man kann hierzu
auch einen mürben Butterteig, Nr. 173. — 175.,
anwenden.

242. Kirschkuchen von Bärmeteig.

Wenn der Bärmeteig nach Nr. 240. fertig ist,
so belegt man ihn dick mit Kirschen, welche man
einige Stunden vor dem Gebrauche schon ausgesteint und etwas mit Zucker bestreut hat, damit
der Saft abläuft, macht dann einen 2 Finger hohen
Rand herum und bäckt ihn gar. Wenn er halb
gebacken ist, begießt man ihn mit folgendem Creme: Man rührt 6 Eier mit 6 Loth Zucker, einer
Hand voll gestoßenen Mandeln, 1 Eßlöffel voll
Mehl und ½ Quart süßer Sahne ganz schäumig.
Wenn der Kuchen nun die Hälfte gebacken hat,
so rührt man noch den abgelaufenen Saft der Kirschen zu dem Creme und füllt ihn mit einem Löffel
über die Kirschen, setzt den Kuchen wieder in den Ofen
und läßt ihn gar werden. Ohne Jus läßt er sich
aber eben so gut backen, nur muß man nicht ver-
gessen, ganz zuletzt den abgelaufenen Kirschsaft,

welchen man allenfalls noch mit etwas Zucker versetzen kann, über den Kuchen zu gießen.

243. Spritzkuchen.

Von ⅜ Quart Milch läßt man die Hälfte mit 1 Löffel voll Butter und einem Stückchen Zucker kochen, quirlt zu der übrigen Milch ¼ Pfund vom feinsten Mehl, und wenn die Milch kocht, so gießt man diese Mehlmilch unter beständigem Umrühren dazu und läßt es auf dem Feuer so lange abtrocknen, bis es sich ganz von der Kasserolle abschält. Darauf stellt man es an einen kalten Ort, damit es durchaus steif wird, und reibt es dann nebst 5 Eiern mit der Reibekeule zu einem recht glatten Teig. Nun läßt man Schmelzbutter in einer Kasserolle heiß werden, läßt etwas davon durch die Spritze laufen, giebt dann einen guten Löffel voll Teig in dieselbe und spritzt ihn in die heiße Butter, wobei man aber die Kasserolle immer schütteln muß. So bäckt man einen Kuchen nach dem andern heraus, setzt sie auf Löschpapier, damit alles Fette davon abläuft, und bestreut sie dann mit Zucker.

244. Spazierkuchen.

Zu diesen wird ganz derselbe Teig wie bei den Spritzkuchen gemacht, nur daß man mit dem Löffel kleine runde Kuchen in die heiße Butter legt

und dabei immer die Kasserolle rüttelt. Diese Kuchen passen auch zur Garnirung von feinem Gemüse, als Blumenkohl 2c.

245. Hohlkuchen.

Ein Viertelpfund Butter, ¼ Quart Milch, 4
Loth Zucker und ungefähr 6 Stück süße Mandeln,
welche mit etwas von der Milch ganz zerstoßen und
zerrieben sind, läßt man aufkochen, rührt dann 14
Loth vom feinsten Mehl dazu und trocknet den Teig
ab, damit er sich von der Kasserolle löf't. Wenn
er kalt ist, rührt oder reibt man 6 Eier, wovon
das Weiße zu Schnee geschlagen ist, dazu, setzt mit
einem Löffel auf ein mit Mehl bestreutes Blech
kleine runde Klümpchen, bestreicht sie mit geschla-
genem Ei, bestreut sie mit Zucker und läßt sie in
einem wohl durchheizten Ofen hellgelb backen. Die
Hitze darf nicht allzu groß seyn; auch ist es besser,
wenn sie etwas hoch gesetzt werden, damit es von
oben heißer als von unten ist.

246. Schneebälle.

Man quirlt 3 ganze Eier und 3 Dotter, 2
Eßlöffel voll süßer Sahne, 1 Löffel voll geschmolzener Butter und eine Prise Salz zusammen, dann
gießt man es in eine Schüssel und rührt so viel
feines Mehl hinzu, daß man den Teig gehörig auf
dem Backbrett ausrollen kann, läßt ihn aber ja

nicht zu fest werden. Nun macht man kleine Laib=
chen, welche man zu einem runden, Messerrük=
ken dicken Platz rollt. Dann schneidet man mit
dem Kuchenrädchen 2 fingerbreite Einschnitte,
welche jedoch nicht ganz hinausgehen dürfen, da=
mit es zusammenhält, nimmt einen Streifen auf
den Löffelstiel, läßt den andern liegen, und fährt
so fort, bis sie kraus hängen, dann schüttelt
man sie in heißer Schmelzbutter und bäckt sie so
ganz hellgelb aus derselben heraus, worauf man sie
mit ganz fein gesiebtem Zucker bestreut.

247. Spiegelkuchen.

Man rührt 7 Eßlöffel voll feines Mehl mit
so viel kochender Milch an, daß es ein ganz stei=
fer Teig wird, den man kaum rühren kann. Dann
rührt man 1 Eßlöffel voll geschmolzener Butter, et=
was Salz und nach und nach 6 Eier dazu. Wenn
dieses geschehen ist, so schneidet man viereckige Stük=
ken Oblate, ungefähr 4 Finger breit und eben so
lang, legt in die Mitte eines solchen Vierecks 1
Theelöffel voll Himbeer=, Hagebutten= oder ande=
res Obstmuß, legt ein zweites Blatt darauf, drückt
es ein wenig fest und drückt es daumenbreit neben
hinein in den Teig, und bäckt es in heißer Schmelz=
butter. Man kann auch einen recht guten Eierku=
chenteig dazu machen, nur muß er nicht zu dünn
seyn.

248. Pfannkuchen.

Man rührt 1 Pfund Butter zu Sahne, schlägt nach und nach 15 Eidotter und von 6 Eiern das zu Schnee geschlagene Weiße, ¼ Pfund Zucker, ein starkes Viertelquart warme Milch und 6—7 Eßlöffel voll dicker Bärme dazu. Wenn dieses Alles recht schön abgerührt ist, so nimmt man 2 Pfund recht trocknes Mehl, welches an einer warmen Stelle auch ganz durchwärmt, doch nicht heiß seyn muß, da es sonst klumpig wird, und rührt es anfangs mit der Kelle; dann aber arbeitet man es mit den Händen zu einem Teig, der sich nur eben ausrollen läßt, und streut immer etwas Zucker darunter, damit der Teig nicht festsitzen bleibt. Nun theilt man ihn in 2 Theile. Auf den einen setzt man mit dem Löffel eingemachte Früchte, als: Kirschen, Himbeeren, Hagebutten oder Aprikosen, (auch Pflaumen= und Aepfelmuß kann man nehmen), legt die andere Hälfte des Teiges darüber, und drückt nun zwischen dem Gefüllten den Teig fest an, sticht mit einem Bierglase runde Kuchen ab, legt sie an eine warme Stelle auf ein mit Mehl bestreutes Tuch, deckt ein warmes Tuch darüber und läßt sie so gehen. Dann werden sie in heißer Schmelzbutter oder in Backfett gebacken, und gleich, wenn sie herauskommen und noch ganz heiß sind, in gestoßenem Zucker gewälzt. — Schweinefett darf nie angewendet werden, sondern nur Rinds- oder Hammelfett; doch schmeckt Letzteres nicht gut, daher es besser ist, halb Butter und halb Rindsfett zu nehmen. Auch die Butter muß vorher geschmolzen und ganz klar abgegossen werden.

249. Butterstriezeln.

Man nimmt ¼ Pfund Mehl, thut es auf ein Backbrett und macht in die Mitte ein kleines Loch. Dahinein thut man 4 Loth fein gesiebten Zucker, etwas Citronenschale, 4 Loth recht frische Butter, 1 ganzes Ei und ein Dotter, und arbeitet Alles zu einem Teig, der sich drehen läßt. Nun nimmt man immer etwas Teig, dreht mit der Hand auf dem Backbrett eine lange Striezel und formirt daraus Kränze und kleine Hirschgeweihe, wobei man immer mit dem Messer kleine Einschnitte macht, und bäckt sie in heißer Schmelzbutter schön gelb heraus, bestreut sie gleich mit Zucker und giebt sie zum Dessert.

250. Mandelplätzchen.

Es wird ¼ Pfund Butter zu Sahne gerührt, dann 2 Eibotter dazu gethan, das Weiße aber zu Schnee gequirlt und ½ Pfund süße Mandeln damit gestoßen, und nun, nebst ¼ Pfund gesiebten Zucker und etwas abgeriebener Citronenschale, zur Butter gegeben. Wenn Alles zusammen noch eine

Viertelstunde gerührt ist, so setzt man kleine Klümpchen auf ein mit Butter bestrichenes Blech, legt auf jedes oben eine halbe abgeschälte Mandel und bäckt sie in einem nicht allzu heißen Ofen ganz weißgelb heraus.

251. Mandelplätzchen auf eine andere Art.

Man nimmt 1 Pfund Mehl, ½ Pfund Butter, ¼ Pfund Zucker, worauf man vorher die Hälfte einer Citronenschale abgerieben hat, und 3 Eßlöffel voll recht guten Wein, knetet dieses Alles zu einem Teig, rollt ihn auf dem Backbrett einen halben Finger dick aus, sticht mit einem kleinen Glase Plätzchen davon aus und bäckt sie sehr langsam und hell in einem nicht allzu heißen Ofen, so daß sie mehr trocknen, heraus. Diese Plätzchen halten sich Jahr und Tag.

252. Butterprezeln.

Aus ½ Pfund Mehl, ½ Pfund Butter, 4 Loth gesiebtem Zucker, 1 Ei und 2 Eßlöffel voll Wasser wird ein Teig geknetet, kleine Prezeln daraus geformt, diese mit Ei bestrichen, mit gröblich gestoßenem Kandis bestreut und auf einem Blech im Ofen gebacken.

253. Waffeln.

Es wird ½ Pfund Butter so leicht wie Schaum

gerührt, dann das Gelbe von 8 Eiern, ½ Pfund recht feines Mehl, 1 Tassenkopf warmer Sahne, das zu Schnee geschlagene Weiße der 8 Eier und 3—4 Eßlöffel voll recht gute Bärme dazu gethan. Diese Masse stellt man an eine Stelle, wo es immer dabei etwas gehen kann. Dann legt man das Waffeleisen über Kohlenfeuer, bestreicht es mit etwas Butter, die man in ein reines Leinwandläppchen bindet, und füllt mit einem Löffel von dem Teige so viel hinein, daß es überall hinkommt, jedoch nicht zu voll wird, läßt es auf beiden Seiten gelb backen und nimmt es dann auf eine Schüssel heraus. Die Waffeln bestreut man erst, wenn sie zu Tische gebracht werden, mit Zucker, indem sie sonst wieder weich werden. Am besten ist es, wenn man sie auf Papier in einen verschlagenen Ofen legen kann, bis sie alle gebacken sind oder gebraucht werden. Wenn der Teig zu dick und schwer werden sollte, so muß man lauwarme Milch zugießen, auch etwas Salz an den Teig, aber ja keinen Zucker thun, denn sonst bleiben die Waffeln weich.

254. Waffeln ohne Bärme.

Ein halbes Pfund Butter wird zu Schaum gerührt, 6 Eidotter und das zu Schnee geschlagene Weiße, 10 Loth ganz feines Mehl, eine Prise Salz und so viel lauwarme Milch dazu gethan, als zu

einem dünnen Waffelteige nöthig ist. Beim Bak-
ken verfährt man ganz so, wie eben gezeigt wurde.

255. Coufern.

Ein halbes Pfund Mehl, ¼ Pfund gesiebter
Zucker, das Gelbe von einer Citrone, 3 Eier, 4
Loth abgeklärte Butter und ½ Quart gute Milch
werden mit ein paar Quirlen in einem recht großen
Topfe zusammen geschlagen und dann in einem da-
zu gehörigen Eisen gebacken.

256. Aepfelscheiben.

Man nimmt hierzu recht schöne, mürbe Aep-
fel, schält sie und schneidet runde, nicht allzu dicke
Scheiben davon, aus welchen man das Kernhaus
nimmt, und sie, mit Zucker bestreut, eine Zeit lang
liegen läßt. Dann nimmt man ½ Pfund Mehl,
thut es in eine Schüssel und giebt 4 Loth gestoßenen Zucker dazu, läßt nun halb Wein und halb
Weißbier kochen, brüht das Mehl unter beständigem Rühren zu einem dicken Teig, dem man höchstens nur 3 Eier geben darf, damit er ja nicht zu
dünn wird. Dann taucht man einen Apfel in denselben und legt ihn in heiße Schmelzbutter, um zu
proben, ob er auch nicht zu dick ist; sonst gießt
man noch etwas gekochtes Bier zu. Der Teig muß
süß schmecken, und wenn er nicht genug Zucker hat,
muß man noch etwas hinzu thun; dann wird

er warm in Zucker gewälzt und so servirt. Man
kann auch einen kalten Teig machen. Dazu nimmt
man 6 Eier, welche mit 10 Löffel voll Mehl, Zukker nach Gutdünken und so viel Wein, als zu einem solchen Teige nöthig ist, zusammen gerührt
werden. Man probirt gleichfalls mit einer Scheibe,
und verfährt übrigens, wie eben gezeigt wurde.

257. Napfkuchen.

Es werden 12 Loth recht frische Butter zu
Sahne gerührt. Dann thut man nach und nach 8 Eidotter, ¼ Pfund gesiebten Zucker, worauf die Schale einer halben Citrone abgerieben ist, ½ Pfund recht feines
Mehl, das zu Schnee geschlagene Weiße der 8 Eier,
und 4 Eßlöffel dicke Bärme dazu. Man richtet es
so ein, daß man gerade 1 Stunde lang rührt; wenn
jedoch die Bärme und der Eierschnee darin ist,
so muß man gleich damit in eine mit Butter aus-
gestrichene Form eilen, dieselbe nur halb voll füllen,
den Teig aufgehen lassen, und den Kuchen in einem gut ausgeheizten Ofen allmählich gar backen.

258. Napfkuchen mit Rosinen.

Eine halbe Metze Mehl, ½ Pfund Butter,
¼ Pfund Zucker, ¼ Pfund große, und eben soviel
kleine Rosinen, 8 Loth ganz fein gewiegte Mandeln, eine halbe Citronenschale, 5 Eier, eine Prise
Salz, ¼ Quart warme Milch, und 4 bis 5 Löffel

Bärme werden ganz auf die nämliche Weise, wie eben gezeigt wurde, behandelt. Sollte die Masse zu dick seyn, welches zuweilen am Mehl liegt, so kann mit warmer Milch noch nachgeholfen werden.

259. Napfkuchen ohne Bärme.

Man rührt 12 Loth Butter zu Sahne, giebt nach und nach 5 Eidotter, 12 Loth feines Mehl, den Schnee der 5 Eiweiß, etwas Salz, 4 Loth kleine Rosinen, und soviel lauwarme Milch, daß der Teig wie ein dicker Plinzenteig ist. Mit diesem füllt man kleine mit Butter ausgeschmierte Förmchen halb voll, und bäckt sie bei mäßiger Hitze schön gelb.

260. Bacher Napfkuchen.

Man läßt Butter schmelzen und gießt sie ganz klar ab. Sobald sie wieder fest ist, rührt man ¼ Pfund davon zu Schaum, giebt nach und nach 9 Eidotter, 1 Tassenkopf lauwarmer Sahne, 20 Loth feines Mehl, eine Prise Salz, das zu Schnee geschlagene Weiße der 9 Eier, und 3 Eßlöffel voll recht dicker Bärme dazu, läßt den Teig aufgehen und bäckt ihn wie die vorhergehenden.

261. Bacher Napfkuchen auf eine andere Art.

Ein halbes Pfund Schmelzbutter, wie bei dem vorigen Napfkuchen bereitet, 1 Pfund Mehl,

8 Eier, ein großer Taſſenkopf voll Sahne, 4 Loth Zucker, die Schale einer halben Citrone, eine Priſe Salz, und 3 Löffel Bärme werden wie bei den vorigen zubereitet.

262. Zwieback.

Von 3 Pfund Mehl, ¾ Quart lauwarmer Milch und ¼ Quart guter Bärme wird ein Hebe- ſtück angeſetzt. Wenn daſſelbe gut aufgegangen iſt, ſo knetet man ½ Pfund friſche Butter, 4 Loth ge- ſtoßenen Zucker, auf welchem man etwas Citronen- ſchale abgerieben hat, nebſt einer Priſe Salz dazu, arbeitet es auf dem Backbrett noch tüchtig durch, und formirt nun lange Striezeln oder kleine Laib- chen daraus, beſtreicht ſie mit geſchmolzener But- ter läßt ſie noch einmal gehen, und bäckt ſie dann ſchön hellgelb. Wenn man ſie gebrauchen will, werden ſie in der Mitte durchgeſchnitten und auf dem Bleche geröſtet. Auch kann man ſie mit friſcher Butter beſtreichen, dick mit Zucker beſtreuen, und dann röſten.

263. Kleine Theekuchen.

Ein Pfund fein geſiebter Zucker wird mit 6 gan- zen Eiern ½ Stunde gerührt und ½ Pfund Kartoffel- und eben ſoviel feines Weizenmehl, nebſt etwas auf Zucker abgeriebener Citronenſchale dazu gethan. Die daraus formirten kleinen runden Kuchen werden nun auf ein mit Butter oder Wachs bestrichenes Blech gesetzt und bei gelinder Hitze gebacken. Sie dürfen nicht braun oder dunkelgelb werden, indem sie am besten schmecken, wenn sie recht weiß sind.

264. Eine andere Art kleiner Theekuchen.

Man nimmt auf ein Backbrett ½ Pfund Mehl, ¼ Pfund Butter, ¼ Pfund Zucker, 1 ganzes Ei, 1 Eidotter und 2 Eßlöffel voll süßer Sahne. Dieses wird zu einem Teig geknetet, mit dem Nudelholz eines halben Fingers dick ausgerollt, mit einem Glase Kuchen ausgestochen, diese auf ein mit Butter bestrichenes Blech gelegt, mit dem zurückgelassenen Eiweiß bestrichen und mit Zucker bestreut. Bei dem Backen wird dieselbe Hitze erfordert, wie bei den obigen Theekuchen.

265. Semmel zum Reiben.

Da man, besonders auf dem Lande, in manchen Gegenden nicht immer schönes Milchbrot bekommen kann, welches doch in einer Küche unumgänglich nothwendig ist, so rathe ich, diese Semmel sich von Zeit zu Zeit zu backen, um dadurch aus aller Verlegenheit zu seyn. Man nimmt 1 Metze Mehl, 1 Quart gute süße Milch und ¼ Quart recht dicke Bärme. Davon wird ein Hebestück angesetzt, und wenn es gehörig gegangen ist, mit ½ Pfund geſchmolzener und ganz rein abgeklärter Butter, nebſt etwas Salz zu einem feſten Teig gearbeitet, lange Küpfe (Schrippchen) davon formirt, noch einmal gehn gelaſſen, mit lauem Waſſer beſtrichen und in einem Backofen ſchön gar gebacken. Wenn ſie nun ſo hart ſind, daß ſie ſich reiben laſſen, kann man ſie in große Einmachegläſer thun, in die Mitte einen hölzernen Löffel ſtecken, damit ſie Luft haben, und die Gläſer mit Papier, worein Löcher geſtochen ſind, zubinden. Ein Milchbrot zu 4 Pfennige wiegt ungefähr 5 Loth. Danach kann man ſich dann einrichten.

Zehnter Abschnitt.
Von der Zubereitung verschiedener Compots, Cremes und Flameris.

266. Aepfel-Compot.

Hierzu nimmt man am besten gute Borsbor-
fer Aepfel. Wenn dieselben abgeschält sind, so setzt
man sie mit so viel Wasser, daß sie mit demselben
gleich stehen, etwas Citronenschale und so viel Zukker, als dazu nöthig ist, auf das Feuer. Wenn sie
anfangen zu kochen, so muß man darauf sehen, daß
sie ja nicht zerfallen, und die untern immer zuerst
herausnehmen. Sind sie nun alle weich, so legt
man sie auf eine Assiette und läßt die Sauce mit
gereinigten und wohl verlesenen kleinen Rosinen
noch einkochen, nimmt zuletzt auf ½ Quart Saft
einen gehäuften Theelöffel voll Kartoffelmehl, rührt
es, wenn der Arzt den Wein erlaubt, mit ein paar
Eßlöffel voll davon an, giebt es zu der Sauce, läßt es
noch einmal mit aufstoßen und gießt es dann über

die Aepfel. Man kann sie kalt und warm geben, wie es beliebt.

267. Aepfelmuß.

Zu diesem nimmt man die gewöhnlichen Muß-äpfel, oder welche man eben hat, denn es passen sich alle dazu, setzt sie mit etwas Wasser auf und läßt sie nun weich werden. Dann schlägt man sie durch ein Sieb oder einen Durchschlag, thut gestoßenen Zucker, etwas an demselben abgeriebene Citronen-schale und kleine Rosinen so viel dazu, als beliebt, und läßt es noch etwas kochen. Sollte es im An-fang zu dick seyn, so läßt man erst den Zucker und die Rosinen mit etwas Wasser ankochen, thut das Aepfelmuß dazu und läßt es noch eine Viertelstunde kochen.

268. Birnen-Compot.

Wenn die Birnen geschält sind, setzt man sie mit Wasser und Zucker, auch etwas Citronen-schale, zum Feuer und läßt sie kochen. Entweder giebt man ein paar Löffel Syrup, oder, wer diesen nicht liebt, 1 Löffel voll gebrannten Zucker dazu, damit die Birnen Farbe bekommen. Sind sie alle weich, so verfährt man damit, wie bei dem Aep-fel-Compot gezeigt wurde, und bringt sie kalt oder warm zu Tische. Auch von Birnen kann man ein

Muß machen, und es bleibt die Behandlung ganz mit jener der Aepfel gleich.

269. Pflaumen-Compot.

Die frischen Pflaumen werden eine kurze Zeit in heißes Wasser gelegt, damit man sie besser abschälen kann, dann drückt man die Steine heraus und steckt eine abgeschälte süße Mandel dafür hinein. Unterdessen kocht man zu $\frac{1}{2}$ Metze Pflaumen $\frac{1}{2}$ Pfund Zucker mit etwas Wasser, bis er spinnt, legt die Pflaumen hinein und läßt sie gar, jedoch nicht verkochen, nimmt sie mit einem Schaumlöffel behutsam heraus, läßt, wenn es nöthig ist, den Saft noch etwas einkochen und füllt ihn dann über die Pflaumen. Man kann auch zur Veränderung die Pflaumen, wenn sie abgeschält sind, mit Zucker weich kochen, sie dann durchschlagen, auf eine Assiette thun und mit in Wasser weich gekochten kleinen Rosinen bestreuen.

270. Kirschen-Compot.

Man läutert $\frac{1}{2}$ Pfund Zucker mit etwas Wasser, dann thut man 1 Metze schöner süßer Kirschen, aus welchen die Steine herausgenommen wurden, dazu, und kocht sie weich und kurz ein.

271. Himbeeren-Compot.

Dazu wird der Zucker gleichfalls geläutert,

bis er spinnt, oder wenn man einen Tropfen davon auf einen Teller thut, derselbe stehn bleibt,
giebt nun recht rein verlesene Himbeeren in denselben, schüttelt sie nur immer um und zerrührt sie
nicht zu sehr mit der Kelle, und wenn man glaubt,
daß sie gut sind, so nimmt man sie heraus. Sollte
noch zu viel Saft darauf stehn, so müssen sie schnell
gekocht werden, damit derselbe kurz einkocht.

272. Erdbeeren-Compot.

Dieser wird ganz auf die nämliche Weise bereitet, nur daß er besser schmeckt, wenn, mit Erlaubniß des Arztes, der Zucker mit Wein geläutert
wird. Man braucht zu ½ Pfund Zucker nur 1 Tassenkopf voll Wein.

273. Aprikosen-Compot.

Hierzu wird der Zucker gleichfalls geläutert,
bis er spinnt, dann die Aprikosen in zwei Hälften
getheilt, solche dazu gethan, und wenn sie weich sind,
mit dem Schaumlöffel heraus genommen. Der Saft
wird noch etwas eingekocht und so über dieselben
gegossen.

274. Pfirsich-Compot.

Manche Pfirsiche haben eine sehr dicke Schale,
deßhalb ist es gut, wenn man sie abschält. Sie

werden gleichfalls in zwei Hälften getheilt, und ganz so, wie die Aprikosen bereitet.

275. Hagebutten mit Rosinen.

Man nimmt hierzu recht schöne hellrothe und von den Haaren gereinigte Hagebutten, die man dann recht tüchtig wäscht und die Nacht hindurch in kaltes Wasser weicht. Darauf setzt man sie den andern Tag mit Zucker, etwas Citronenschale und Wasser bei. So wie sie etwas kochen, thut man große Rosinen dazu und läßt sie so lange auf dem Feuer, bis sie beide weich sind und die Sauce recht kurz eingekocht ist.

276. Compot von getrocknetem Obst.

Hierunter verstehe ich jede Obstsorte, welche die Patienten essen dürfen und die in den Gebrauchszetteln von den Herren Aerzten angegeben sind. Man wäscht das Obst mehrere Male mit warmem Wasser und setzt es dann mit kaltem und dem dazu gehörigen Zucker oder Syrup zum Feuer, giebt auch noch eine Rinde Schwarzbrot und etwas Citronenschale dazu. Ist nun dasselbe ganz weich, so nimmt man es aus der Sauce heraus, thut zu dieser etwas Kartoffelmehl, wie bei dem Aepfel-Compot gezeigt wurde, und gießt sie dann über das Obst. Man kann es als Compot zu den Braten und auch zu den Mehlspeisen geben.

277. Quit-

277. Quitten-Compot.

Die Quitten werden mit einem recht scharfen Messer so dünn wie möglich abgeschält und die Kernhäuser herausgeschnitten; dann legt man in einer Kasserolle alle die Schalen und Kernhäuser auf den Boden, die in Viertel geschnittenen Quitten, nebst etwas Citronenschale und dem gehörigen Zucker dazu, und gießt kaltes Wasser darauf, nur daß man die Quitten, da sie sehr hart sind, weich damit kochen kann. Dann nimmt man sie heraus, besteckt sie mit abgeschälten, länglich geschnittenen Mandeln und legt sie zierlich auf eine Salatiere, kocht die Sauce noch recht tüchtig mit den Schalen und Kernen durch, und thut, wenn es nöthig ist, etwas mit kaltem Wasser verrührtes Kartoffelmehl dazu und giebt die Sauce darüber.

278. Weintrauben-Compot.

Dazu wird der Zucker gleichfalls geläutert, bis er Faden spinnt, dann die abgepflückten Traubenbeeren dazu gethan und weich und kurz eingekocht.

279. Melonen-Compot.

Die abgeschälten und von dem innern Mark gereinigten Melonen werden in beliebige Stückchen geschnitten und dieselben in dem mit Wein geläu-

H

terten Zucker weich gekocht. Wenn man sie herausgenommen hat, so kann man den Saft, im Fall es noch zu viel und derselbe zu dünn ist, etwas einkochen und dann über die Melonen geben.

280. Gurken-Compot.

Diese werden ganz auf die nämliche Weise behandelt, und nachdem sie von allem Mark und allen Kernen befreit sind, in Stückchen geschnitten. Sie schmecken eben so gut, wie die Melonen. Auch zu Salat geschnitten, mit feinem Oel und Zucker angemacht, kann man sie geben.

281. Mandel-Creme.

Man brüht und schält 4 Loth süße Mandeln, dann stößt man sie mit etwas süßer Sahne ganz zu Brei und rührt oder quirlt 4 Loth feines Mehl damit glatt. Wenn es nicht genug Sahne ist, so gießt man noch ein wenig zu, doch darf es nicht zu dünn seyn. Dann schlägt man 8 Eidotter, ¼ Pfund gestoßenen Zucker und die übrige Sahne (es muß im Ganzen ¼ Quart seyn), nebst dem Schnee der 8 Eier, thut Alles in einen großen Topf, stellt es auf Kohlen und läßt es unter beständigem Schlagen mit dem Besen so heiß werden, daß es an die Finger brennt. Nun gießt man es auf eine flache Schüssel oder Schale und servirt es kalt.

282. Sahnen-Creme.

Es wird ein halber Eßlöffel voll Kartoffelmehl mit 15 Eidottern in einem Topfe mit dem Besen recht tüchtig geschlagen. Unterdessen kocht man 1 Quart Sahne mit ¼ Pfund Zucker, woran etwas Citronenschale abgerieben wurde, und gießt sie unter beständigem Rühren mit dem Besen zu den Eiern, läßt es auf den Kohlen noch etwas aufstoßen und gießt es auf die Assiette.

283. Chocolaten-Creme.

Man kocht 1 Quart Sahne mit 12 Loth Chocolate, worin weder Gewürz noch Vanille ist, und 4 Loth Zucker, wie zu einer gewöhnlichen Chocolate, quirlt 9 Eidotter mit einem halben Eßlöffel feines Mehl und ein paar Löffeln kaltes Wasser recht tüchtig durch, gießt die kochende Chocolate dazu, läßt es über dem Feuer noch etwas ziehen und gießt es dann auf die dazu bestimmte Assiette.

284. Creme mit Pumpernickel.

Ein Viertelpfund geriebener Pumpernickel, oder auch nur schwarzes Bauerbrot, wird in ¼ Pfund recht frischer Butter geröstet und dann zu 1 Quart Sahne, welche mit ¼ Pfund Zucker und der Schale von einer Viertel-Citrone gekocht wurde, gethan, noch einmal auf Kohlenfeuer gesetzt und dick ge-

kocht. Man gießt es auf eine recht flache Schüssel und garnirt es mit eingemachtem Obst. Auch
kann man 4 Loth süße Mandeln recht fein stoßen
und zu dem Creme thun.

285. Himbeeren-Creme.

Man kocht 1 Pfund Himbeeren mit 2 Tassenköpfen voll Wein und etwas Citronenschale ganz
dick und streicht sie dann durch ein Haarsieb. Nun
schlägt man 12 Eidotter mit 1 Eßlöffel voll Mehl,
½ Pfund fein gesiebtem Zucker und ¾ Quart leich-
tem Rothwein recht schäumig, giebt den erkalteten
Saft der Himbeeren dazu und läßt es auf Kohlenfeuer noch unter beständigem Rühren ziehen; ganz
zuletzt wird das zu steifem Schnee geschlagene Weiße
von 6 Eiern dazu gethan und so auf die dazu bestimmte Assiette gegeben, worauf man es mit leich-
tem Biscuit garnirt. Auf diese Weise macht man
von allen frischen Obstarten Creme's; doch bemerke
ich hierbei, daß nur diejenigen, welchen der Arzt
den Wein erlaubt, hievon Gebrauch machen können.

286. Wein-Creme.

Man thut 1 Quart guten Wein in einen großen Topf, giebt ½ Pfund gestoßenen Zucker, auf
dem der vierte Theil einer Citronenschale abgerieben wurde, 18 Eidotter und einen halben Eßlöffel
voll Kartoffelmehl dazu, setzt es auf Kohlenfeuer

und schlägt es mit dem Besen, bis es steigt und brennend heiß ist. Dann wird es in eine Assiette gegossen und kalt gesetzt. Auch dieser Creme kann nur mit ausdrücklicher Erlaubniß des Arztes gegeben werden.

287. Flameri von Kartoffelmehl.

Man nimmt von 1½ Quart guter Milch so viel weg, um 1½ Taffenkopf recht schönes Kartoffelmehl ganz dünn zu quirlen und eine kleine Hand voll süße Mandeln damit zu Brei zu stoßen. Nun setzt man die übrige Milch mit einem Stück Zucker, worauf etwas Citronenschale abgerieben wurde, auf das Feuer, und gießt unter beständigem Umrühren das verdünnte Kartoffelmehl nebst den Mandeln dazu, worauf man es ganz dick einkochen läßt. Dann nimmt man es vom Feuer, rührt den Schnee von 12 Eiern darunter und giebt es in ein mit kalter Milch ausgespültes Geschirr oder in eine Form, worauf man es an einen kalten Ort stellt, damit es recht steif wird, wenn man es zum Gebrauch herausstülpen will. Zur Sauce kann man 1 Quart Milch mit Zucker abkochen und von den Eidottern 6—8 Stück dazu quirlen.

288. Flameri von Weizenstärke.

Man nimmt 10 Loth feine Stärke, 10 Loth gestoßenen Zucker, 1 Quart gute Milch, etwas auf

Zucker abgeriebene Citronenschale und den Schnee von 15 Eiern. Die Zubereitung ist ganz wie bei den Flameris von Kartoffelmehl. Als Sauce kann man eine von den Obstsaucen, oder auch, wenn man es recht fein machen will und der Arzt es erlaubt, folgenden Schaum darüber geben: Man schlägt ½ Quart Wein mit 10 Eidottern und ¼ Pfund Zucker, woran etwas Citronenschale abgerieben wurde, so lange über Kohlen, bis es wie ein Schaum aussieht, läßt es unter beständigem Schlagen wieder kalt werden, und giebt es so zu dem Flameri.

289. Flameri von Sago.

Man brüht und reiniget 1 Pfund Sago wie zu der Suppe. Dann thut man ihn in kochende Milch, worin etwas gestoßene Mandeln und Zucker, worauf Citronenschale abgerieben wurde, und kocht ihn so steif, daß der Löffel darin stecken bleibt, gießt ihn in eine mit kalter Milch ausgespülte Form und setzt ihn zum Kaltwerden in den Keller. Eine kalte Kirsch= oder Himbeersauce dazu gegeben, macht ihn sehr angenehm.

290. Kalte Biscuitspeise.

Man kocht einen Wein=Cremé nach Nr. 286, und giebt dann in die Form, in welcher man es machen will (am besten dazu ist eine tiefe Assiette), einige Löffel voll Creme. Hierauf legt man ganz fein geschnittene Stückchen alten Biscuit, was etwa von Torten übrig bleibt, darauf, füllt wieder Creme darüber, und so fort, bis beides alle ist. Dann setzt man es in den Keller, und wenn es gebraucht werden soll, stülpt man es auf eine Schüssel und servirt es bei kaltem Abendessen.

291. Flameri von Himbeeren.

Man setzt recht reife Himbeeren in einer Porzellanschüssel so lange in den Keller, bis sie anfangen, Saft zu bekommen. Dann preßt man sie durch ein Tuch und nimmt auf 1 Quart Saft 12 Loth feine Weizenstärke, 12 Loth Zucker und etwas abgeriebene Citronenschale, rührt die Stärke mit etwas kaltem Saft dünn, setzt den übrigen mit dem Zucker auf das Feuer, und rührt, wenn er kocht, die Stärke dazu, mit welcher man ihn ganz dick und steif kochen läßt; dann wird es in eine mit kaltem Wasser ausgespülte Assiette gethan und in den Keller gesetzt. Jede Obstart kann man dazu anwenden. Man giebt etwas kalte Himbeersauce dazu.

Elfter Abschnitt.

Von der Zubereitung einiger Getränke.

---

292. Kaffee von Cacao.

Man nimmt ¼ Pfund Cacaopulver, welches man bei den Conditoren bekommt oder sich auch selbst machen kann. Nun läßt man 1 Quart Wasser kochen, thut das Viertelpfund Cacao dazu und läßt es wie Kaffee kochen. Dann wird es durch ein Beuteltuch, wie es die Müller gebrauchen, in eine große weite Schüssel geseiht und in den Keller gesetzt. Wenn es ganz erkaltet ist, so nimmt man die Butter, welche sich oben angesetzt hat, ganz rein hinweg, gießt den Kaffee in einen reinen Porzellantopf, deckt ihn gut zu und hebt ihn zum Gebrauch in dem Keller auf. Er hält sich 2—3 Tage. Wenn man ihn gebrauchen will, so wird so viel, als man trinkt, frisch aufgekocht.

293. Kaffee von Roggen.

Wenn der Roggen recht rein verlesen und mit einem trocknen Tuche abgerieben ist, so wird er wie gewöhnlicher Kaffee, aber ja recht stark, gebrannt. Zum Kochen rechnet man 4 Tassen auf 2 Loth; diese kocht man lange und läßt sie dann setzen oder durch einen gewöhnlichen Kaffeebeutel laufen. Dieser Kaffee wird mit Zucker und Sahne getrunken und schmeckt sehr angenehm.

294. Chocolate mit Milch.

Man quirlt 4 Eidotter mit etwas kalter Milch ganz schäumig, setzt die übrige (es muß gerade 1 Quart seyn) auf das Feuer, und wenn sie kocht, so giebt man 12 Loth geriebene Chocolate, in welcher weder Gewürz noch Vanille ist, in die Milch, läßt sie unter beständigem Rühren noch recht gut durchkochen und quirlt die Eier dazu, womit man sie noch etwas ziehen läßt.

295. Chocolate mit Wasser.

Man nimmt eine dazu passende blecherne Chocolatenmaschine, oder, wenn man diese nicht hat, einen großen Topf. So viele Tassen, als man haben will, so viel kaltes Wasser nimmt man, und auf eine Tasse 2 Loth Chocolate, bricht sie in kleine Stücke und läßt sie auf Kohlen unter be-

ständigem Umrühren aufkochen. Dann nimmt man
sie vom Feuer weg, und nachdem sie 10—15 Minuten gestanden hat, quirlt man sie ganz schäumig
und füllt sie in warm gemachte Tassen.

296. Chocolate mit Wein.

Die Chocolate mit Wein wird ganz so bereitet,
wie die Milch-Chocolate, nur daß man noch Zukker dazu nehmen und erst vom Arzte die Erlaubniß
haben muß, ob man sie auch genießen darf.

297. Contang.

Man nimmt 4 Loth trocken geröstetes Mehl,
2 Loth Cacaobohnen, 6 Loth Zucker und 1 Quart
Milch. Dieses quirlt man Alles zusammen und
läßt es mit einander gut durchkochen. Dann werden 3 bis 4 Eidotter mit etwas frischem Wasser
schäumig gequirlt, die Milch durchgeseiht, dazu gethan, und wie Chocolade getrunken.

298. Eiermilch.

Man läßt 1 Quart Milch, mit etwas ganzer
Citronenschale und 3 ganz zu Muß geriebenen süßen
Mandeln, nebst einer hinreichenden Menge Zucker,
aufkochen. Man quirle dann 4 Eidotter mit einem
Eßlöffel voll Wasser recht schäumig, gieße die ko-
chende Milch dazu und gebe es wie Chocolade in
Tassen.

299. Eierwasser.

Man nehme auf 1 Quart lauwarmes Wasser 4 Eidotter und eine beliebige Menge Zucker, quirle Alles zusammen und trinke es lauwarm oder auch abgekühlt.

300. Aepfeltrank.

Man schneide 5 Borsdorfer Aepfel in Viertel, gebe 4 Loth kleine Rosinen und etwas Zucker dazu, gieße 1 Quart Wasser darauf und lasse sie 1 Stunde lang kochen. Durchgeseiht und abgekühlt schmeckt es sehr angenehm. Die Aepfel dürfen nicht geschält, das Kernhaus nicht herausgeschnitten und auch während des Kochens nicht zerdrückt werden.

301. Kirschtrank.

Man kocht 1½ Pfund süße schwarze Kirschen mit einem Quart Wasser und etwas Citronenschale ganz weich, quirlt das Fleisch recht gut von den Steinen, gießt noch etwas kochendes Wasser auf dieselben und läßt es dann durch ein Haarsieb laufen. Nun thut man hinreichend Zucker daran, und trinkt es kalt oder lauwarm, wie es die Umstände erfordern.

302. Himbeertrank.

Man kocht ½ Pfund Himbeeren mit 1 Quart Wasser ½ Stunde lang, gießt es durch ein Haar-

sieb, giebt Zucker dazu, und trinkt es kalt oder
warm.

303. Reißwasser.

Vier Loth gereinigten Reiß kocht man mit
einem Quart Waffer und einem Stücke Zucker eine
Stunde lang. Dann wird es durch ein reines
Tuch gegoffen, und kalt oder warm getrunken.

———

Zwölfter Abschnitt.
Von der Zubereitung eingemachter Früchte.

304. Himbeermuß.

Man nimmt recht schöne reife Himbeeren, und rechnet auf 1 Pfund derselben ½ Pfund Zucker, welchen man in Stückchen schlägt, mit den Himbeeren zugleich in eine Kasserolle thut, und auf Kohlen so lange kochen läßt, bis ein Tropfen davon, auf einen Teller geträpfelt, steif stehen bleibt. Wenn dieses Muß etwas abgekühlt ist, füllt man es in Gläser, läßt diese über Nacht offen stehn, und bindet sie dann mit Papier zu, in das man mit einer Stricknadel mehrere Löcher sticht.

305. Himbeergelee.

Hierzu nimmt man gleichfalls recht reife Beeren, thut diese in einen neuen Topf mit einem fest passenden Deckel, und setzt denselben in einen Kessel

mit kochendem Waſſer, welches aber nicht ſo hoch
ſteigen darf, daß es in den Topf hinein kochen
könnte. Hier läßt man es ſtehen bis ſich der Saft
zeigt, welchen man immer behutſam abgießt, damit man ihn recht klar erhält; ſetzt den Topf wieder in das kochende Waſſer, und fährt auf dieſe
Weiſe fort, bis kein Saft mehr darin iſt. Dann
wiegt man den Saft, und nimmt zu einem Pfund
deſſelben ¼ Pfund vom feinſten Zucker, ſetzt die-
ſen mit dem Saft in einer Kaſſerolle auf Kohlenfeuer, und kocht es ſo lange, bis es, erkaltet, Gelee
wird, gießt ihn, etwas verkühlt, in Einmachegläſer,
und ſtellt ihn an einen kühlen, aber trockenen Ort,
wo er ſich Jahre lang gut erhält.

306. Kirſchen einzumachen.

Aus den großen ſüßen Kirſchen macht man
mit einer Federpoſe die Steine heraus, nimmt auf
jedes Pfund derſelben ½ Pfund Zucker, kocht es in
einer Kaſſerolle auf Kohlenfeuer ſo lange, bis es
anfängt ſteif zu werden, und hebt dieſe Kirſchen
nun, in Gläſer oder in ſteinerne Töpfe gefüllt, zum
Gebrauch auf.

307. Kirſchſaft.

Da die ſauren ſchwarzen Kirſchen nicht erlaubt ſind, ſo bedient man ſich hierzu der ſüßen ſchwarzen Kirſchen, welche man von den Kernen befreit,

und in einem porzellanenen Napfe 24 Stunden in den Keller setzt. Nach Verlauf dieser Zeit preßt man die Kirschen durch ein reines leinenes Tuch, und nimmt zu 1 Pfund Saft ½ Pfund Zucker, setzt es über gelindes Kohlenfeuer und kocht es bis zum dritten Theil ein; wenn es kalt ist, füllt man es in gut ausgetrocknete Flaschen, welche man mit Papier bedeckt, nach 3 bis 4 Wochen aber, wenn man sieht, daß der Saft gut geblieben ist, pfropft man sie fest zu und hebt sie im Keller auf.

308. Aprikosen einzumachen.

Man nimmt hierzu noch nicht ganz reife Aprikosen, welche aber doch schon ganz gelb sind, schneidet sie in der Mitte durch, legt sie in kochendes Wasser und läßt sie nur einmal darin aufwallen, hebt sie dann mit einem Schaumlöffel heraus, legt sie auf ein reines Tuch und läßt sie ganz trocken werden. Nun wiegt man die Aprikosen, nimmt eben so viel Zucker, läutert ihn mit ein wenig Wasser, legt die Aprikosen hinein und läßt sie so lange kochen, als ein hartes Ei Zeit braucht. Wenn dieses geschehen ist, so legt man sie in eine Assiette, worin man dieselben über Nacht stehen läßt. Des anderen Tages kocht man sie etwas länger, und wiederholt es auch am dritten Tage. Dann legt man die Aprikosen in ein dazu bestimmtes Glas, kocht den Saft mit einem Stückchen Citronenschale dick, giebt ihn über die Aprikosen, läßt sie eine Nacht offen stehen, verbindet dann das Glas mit Papier, worin einige Löcher gestochen sind, und stellt es an einen kühlen, aber trockenen Ort. Man muß öfters nachsehen, und wenn man glaubt, daß sie verderben könnten, so muß man sie wieder aufkochen.

309. Ananasse einzumachen.

Man schält die Ananasse ganz fein ab, und zerschneidet sie in feine Scheiben, nimmt auf ein Pfund derselben ¾ Pfund Zucker, welchen man mit einigen Eßlöffeln voll Wasser so lange kocht bis er Fäden spinnt, legt dann die Früchte hinein und kocht sie darin weich, thut sie mit einem silbernen Löffel in ein Einmacheglas, kocht den Saft zu Syrup und giebt ihn darüber. Auch kann man die Ananasse in trocknem Zucker aufbewahren. Hierzu nimmt man vom feinsten weißen Zucker, stößt und siebt denselben, bestreut den Boden eines Zuckerglases eines Fingers dick damit, legt die abgeschälten und in ganz dünne Scheibchen geschnittenen Früchte neben einander darauf, dann wieder Zucker, und wiederholt dies abwechselnd, bis die Scheiben auf diese Weise verbraucht sind. Nun wird oben gleichfalls eine recht dicke Schicht Zucker gestreut, das Glas mit Papier fest zugebunden, und an einem kühlen, aber ja recht trocknen Orte aufbewahrt.

310. Melonen einzumachen.

Hierzu nimmt man die Melonen, wenn sie noch ganz hart sind, schält das Grüne davon ab, befreit sie von dem Kerngehäuse, schneidet sie in beliebige Stückchen und legt sie in eine tiefe porzellanene Schüssel. Nun läutert man Zucker (auf 1 Pfund Melone 1 Pfund Zucker), so daß er Faden spinnt, wenn man ihn mit dem Löffel in die Höhe zieht, und gießt ihn so über die Melonen. Dieses wiederholt man 3 Mal. Das letzte Mal muß man die Melonen proben, ob sie etwa zu hart sind: dann kann man sie etwas mitkochen lassen, doch muß man sich in Acht nehmen, da sie sehr leicht zu weich werden. Zuletzt wird der Saft zu dickem Syrup gekocht und über die Früchte, welche man in Zuckergläser gelegt hat, gegossen, mit Papier, worein mit einer Stricknadel Löcher gestochen sind, zugebunden und an einen kühlen trocknen Ort gesetzt.

311. Reines-Claudes einzumachen.

Diese Früchte werden, wenn sie noch nicht ganz weich sind, mit den Stielen vom Baume genommen, in kochendem Wasser einmal aufgewellt, und auf ein reines Tuch gelegt, bis sie ganz abgetrocknet sind. Wenn sie ganz erkaltet sind, so werden sie gewogen und zu 1 Pfund Reines-Claudes

¼ Pfund Zucker genommen; derselbe wird geläutert, die Früchte etwas darin mitgekocht, dann nach 24 Stunden abermals, und dieses dreimal wiederholt, hierauf in ein Zuckerglas gelegt, der Saft zu dickem Syrup gekocht, und eben so aufbewahret, wie bei den Aprikosen Nr. 308. gezeigt wurde.

312. Birnen einzumachen.

Hierzu nimmt man am liebsten Muscateller, oder Poires blanches. Erstere werden zwar reif, aber ja gleich vom Baume weg, damit sie nicht weich werden, genommen. Diese schält man ab, läßt aber die Stiele daran. Nun kocht man zu einer Metze Birnen 1 Quart Wasser mit 1 Pfund Zucker und etwas Citronenschale auf, legt die Birnen hinein und kocht sie so lange, bis sie, wenn man mit einem Strohhalm hineinsticht, sich weich stechen. Dann werden sie mit einem Schaumlöffel herausgenommen, und wenn sie ganz kalt sind, in Zuckergläser oder Steintöpfe gelegt, die Sauce noch etwas dicker gekocht und ausgekühlt darüber gegossen. Die Poires blanches jedoch müssen noch nicht ganz reif seyn, wenn man sie einmachen will; sie werden abgeschält und in der Mitte durchgeschnitten. Uebrigens verfährt man eben so damit, wie bei den Muscateller gezeigt wurde.

313. Pflaumen einzumachen.

Man nimmt hierzu recht große reife, jedoch nicht schon weiche Pflaumen, übergießt sie mit kochendem Waſſer, zieht die Haut ab und nimmt die Steine heraus. Nun kocht man zu einem Pfunde Pflaumen 1 Pfund Zucker mit ¼ Quart Waſſer zu Syrup, legt die Pflaumen dazu, läßt ſie etwas, aber ja nicht ganz weich kochen, nimmt ſie dann mit dem Schaumlöffel heraus, kocht den Saft dick und gießt ihn ſo über die Pflaumen. Dieſes wird 2—3 Mal wiederholt, worauf die Früchte in Gläſern oder Steintöpfen aufbewahrt werden.

314. Pflaumenmuß.

Dazu nimmt man recht reife Pflaumen, befreit ſie von den Häuten und Steinen auf eben gezeigte Art und kocht ſie, auf 1 Pfund Pflaumen ¼ Pfund Zucker, über gelindem Kohlenfeuer und unter beſtändigem Umrühren ganz dick und mußig. Man ſieht dann nach, ob ſie nach einigen Tagen keinen Saft ziehn, in welchem Falle ſie noch einmal gekocht werden. Alsdann verwahrt man ſie in Steintöpfen an einem trockenen Orte. Dieſes Muß iſt zu Mehlſpeiſen und Backwerk beſonders zu empfehlen, da es ſehr fein ſchmeckt und auch gut ausſieht.

315. Aepfel-Marmelade.

Man nimmt recht schöne saftige Borsdorfer Aepfel, schneidet sie in Viertel und setzt sie mit Schale und Kerngehäuse in Wasser auf gelindes Kohlenfeuer, wo man sie, ohne sie zu zerrühren, weich kochen läßt. Alsdann streicht man sie durch ein Haarsieb, nimmt zu 1 Pfund Aepfel ¾ Pfund Zucker und kocht es so lange mit einander, bis es dick wird. Dann schäumt man es rein ab, thut die Schale von einer halben Citrone dazu und kocht es noch so lange, bis, wenn man einen Tropfen davon auf einen Teller thut und er kalt ist, derselbe erstarrt. Nun läßt man es etwas abkühlen und füllt es in Gläser oder steinerne Töpfe.

316. Quitten-Marmelade.

Die Quitten werden in Wasser ganz weich gekocht, die Haut davon abgezogen, auf einem Reibeisen gerieben und durch ein Haarsieb gestrichen. Dann läutert man, so schwer als das Quittenmark wiegt, Zucker mit dem Wasser, worin die Quitten gekocht worden sind, thut das Mark dazu und kocht es über schwachem Kohlenfeuer so lange, bis es sich von der Kasserolle ablös't, thut [es in Schachteln und hebt es zum Gebrauch auf.

317. Hagebutten-Marmelade.

Man schneidet die Hagebutten in der Mitte durch, nimmt die Kerne und Haare davon heraus und wäscht sie mehrere Male in kaltem Wasser ab, läßt sie in einem Durchschlage rein ablaufen und stellt sie so lange in den Keller, bis sie anfangen, ganz weich und teigig zu werden, wozu oft mehrere Tage erforderlich sind. Wenn sie nun ganz weich sind, so werden sie mit einem starken Löffel durch ein Haarsieb gestrichen, dann nimmt man zu 1 Pfund Mark 1 Pfund Zucker, läutert ihn mit etwas Wasser, bis er Faden zieht, nimmt ihn vom Feuer und rührt, wenn er nur noch lauwarm ist, die Hagebutten dazu, setzt es wieder auf Kohlenfeuer und läßt es noch eine Viertelstunde kochen. Dann füllt man es, halb abgekühlt, in Gläser, bindet diese, wenn es ganz kalt ist, mit Papier zu, worein mit einer Nadel Löcher gestochen werden, und stellt es an einen trocknen kühlen Ort.

Vergleichung der verschiedenen Maaße und Gewichte, so wie der verschiedenen Ausdrücke und Benennungen.

Bei den Milchbroten findet man die Quantität meistens nach dem Preise in Silberpfennigen angegeben. Zu dem Ende bemerke man, daß 1 preußischer Thaler 30 Silbergroschen und 1 Silbergroschen 12 Silberpfennige hat, so daß 5 Silberpfennige so viel als 4 sächsische Pfennige, und 6 Silberpfennige 7 rheinische Pfennige ausmachen. Ein Milchbrot zu 4 Silberpfennigen wiegt zur Zeit ungefähr 6 Berliner Loth.

Die hier gebrauchten Maaße und Gewichte sind nach Berliner Art gerechnet. Um aber Jeden, der hiermit nicht bekannt ist, in den Stand zu setzen, seine Quantitäten richtig zu nehmen, so wird hier nachstehende Vergleichungs-Tabelle gegeben.

Es ist nämlich der Berliner Scheffel in 4 Viertel (Viert), das Viertel in 4 Metzen und die Metze in 4 Mäßchen getheilt.

Scheffel.	Viertel.	Metze.	Mäßchen.
1	4	16	64
	1	4	16
		1	4

Uebrigens hat dieser Scheffel ungefähr 2759 Pariser Kubikzoll, die Berliner Metze also 172½ Pariser Kubikzoll. Das Berliner Quart dagegen hat 56 Pariser Kubikzoll, und es machen daher 118 Berliner Metzen so viel als 345 Berliner Quart, oder 13 Berliner Metzen = 38 Berliner Quart, oder 1 Berliner Metze ungefähr so viel (etwas weniger) als 3 Berliner Quart.

Es stimmen ungefähr überein:

1 Berl. Quart mit 1 Amsterdamer Pot od. Mirgel.
3 — — — 1 Braunschweiger Stübchen.
3 — — — 5 Breslauer Quart.
13 — — — 12 Clever Kannen.
9 — — — 8 Cöllner Kannen.
7 — — — 6 Culmer Stofen.
9 — — — 11 Dänischen Pott.
7 — — — 5 Danziger Weinstofen.
49 — — — 25 Danziger Bierstofen.
4 — — — 5 Dresdner Kannen, auch mit
                         4 Duderstädter Weinmaaßen.
18 — — — 19 Duderstädter Biermaaßen.

4 Berl. Quart mit 3 Neuen Maaßen zu Frankfurt
am Main.

3 — — — 2 Alten Maaßen zu Frankfurt
am Main.

3 — — — 2 Fuldaer Maaßen.

3 — — — 2 Hamburger Kannen.

5 — — — 3 Hannöverschen Kannen oder
Maaßen, oder auch mit 6
Hannöverschen Quartieren.

5 — — — 3 Heidelberger Eichmaaßen.

3 — — — 2 Heidelberger Zapfmaaßen.
Heiligenstadt wie Duderstadt.

7 — — — 6 Leipziger Visirmaaßen.

1 — — — 1 Leipziger Schenkkanne.

12 — — — 5 Lithauischen Garnitzen.

1 — — — 1 Mainzer Weinmaaß.

7 — — — 4 Mainzer Biermaaßen.

13 — — — 15 Mühlhauser Weinmaaßen.

3 — — — 4 Mühlhauser Biermaaßen.

8 — — — 9 Münchner Maaßen.

13 — — — 7 Nordhauser Maaßen.

1 — — — 1 Nürnberger Visirmaaß.

10 — — — 11 Nürnberger Schenkmaaßen.

3 — — — 2 Stuttgarter Helleichmaaßen.

6 — — — 5 Wiener Maaßen.

1 — — — 1 Würzburger Trübeichmaaß.

Hinsichtlich der Gewichte bemerke man:
Ein Berliner (Handels-) Pfund hat 468½ Gramme
oder

oder 131328 Cöllnische Stichpfennige oder 9747 Asse des Holländischen Troygewichts, und es vergleichen sich demnach ungefähr:

58 Berl. Pfd. mit 55 Amsterdamer (Handels-) Pfd.
58 — — — 55 Breslauer Pfund.
1 — — — 1 Cöllner Pfund.
50 — — — 47 Dänischen Pfund.
12 — — — 13 Danziger Pfund.
1 — — — 1 Embner Pfund.
61 — — — 63 Englischen Pfund.
13 — — — 12 Frankfurt a. M. Pfund.
70 — — — 67 franz. Pfd. **Poids de mare.**
30 — — — 29 Hamburger Pfund.
1 — — — 1 Mühlhauser Pfund.
6 — — — 5 Münchner Pfund.
11 — — — 10 Nürnberger Pfund.
5 — — — 4 Wiener Pfund.

Uebrigens hat der Berliner Centner 110 Berliner Pfund, das Pfund 32 Loth und das Loth 4 Quentchen.

———

Folgende Wörter, an verschiedenen Orten gebräuchlich, sind gleichbedeutend, als:

dämpfen = schwitzen = stoben = schmoren,
in Butter braten = in Butter backen = in Butter
    rösten,
Zwiebeln = Bollen,

J

Kalbsmilch = Kalbsprisen = Briesen = Mibber =
    Kalbspriesen,

Sahne = Kern = Schwand = Rahm = Rehm,

Kasserolle = Stielpfanne = Pfanne,

Kelle = Kochlöffel = Rührlöffel,

Gehirn = Brägen = Hirn,

Bratenteller = Bratenschüssel = Tranfchirteller,

Bratofen = Bratröhre = Rohr,

Klößchen = Keilchen = Spatzen,

Klöße = Bälle = Klümpe = Knödel,

Mohrrüben = gelbe Rüben = Möhren,

Eidotter = Eigelb,

Eierklar = Eiweiß,

Napfkuchen = Gogelhopfen = Butterlaiblein = Asch-
    kuchen,

Krume = Brose = Brosam,

Hagebutten = Hieften,

Himbeeren = Hohlbeeren,

Muß = Brei,

Plinzen = Amuletten = Eierwämmchen (ganz dünne
    Eierkuchen),

auswellen = ausdrehen = ausmangeln,

verwellen = abbrühen,

Farce = Fülle = Füllsel,

Backen = Trocknen = Dörren (Obst u. s. w.),

Gurken = Gugumern = Kümmerlinge,

Schmelzbutter = Schönschmalz.

Gedruckt bei Carl Friedrich Amelang.

In der Buchhandlung von C. Fr. Amelang in Berlin (Brüderstraße Nr. 11.) erschienen unter vielen andern noch folgende gemeinnützige Werke:

Grebiß, (Caroline Eleonore), die besorgte Hausfrau in der Küche, Vorrathskammer und dem Küchengarten. Ein Handbuch für angehende Hausfrauen und Wirthschafterinnen, vorzüglich in mittleren und kleineren Städten und auf dem Lande. 2 Theile. ord. 8. Zweite verbesserte und stark vermehrte Auflage. Zusammen 75 Bogen.   2 Thlr.
— — Hülfsbuch für Küche und Haushaltung, Feld- und Gartenbau. 8. Sauber geh.   22½ Sgr.
Hollefreund, C. A., (Königl. Oekonomie-Commissarius und vormaliger General-Pächter des ehemaligen Königl. Domainen-Amts Mühlenbeck) Theoretisch-praktische Anleitung zur gründlichen Kenntniß und vortheilhaften Ausübung der Landwirthschaft. Für angehende Landwirthe. Zwei Theile in gr. 8. Mit 3 Kupfertafeln. Complet   1 Thlr. 15 Sgr.
Raschig, M. K. G., (Pfarrer zu Jacobsdorf bei Frankfurt a. d. O., ordentlichem Mitgliede der Potsdamer ökonomischen Gesellschaft), Die Obstbaumzucht im Kleinen und Großen. gr. 8.   1 Thlr. 15 Sgr.
— — Neuestes vollständiges Handbuch der Bienenkunde und Bienenzucht. Für Bienenwirthe und Bienenfreunde. Nach den vorzüglichsten Bienenschriftstellern und eignen Beobachtungen und Erfahrungen. gr. 8. Mit 4 Kupfertafeln.   1 Thlr.
v. Reider, J. E., Vollständige Anweisung zum zweckmäßigen Anlegen von Blumen-, Obst-, Gemüse-, Hopfen-, Schul-, Handels-, Haus- und botanischen Gärten; so wie Anlagen nach französischem, englischem und deutschem Geschmack zu machen, solche auch mit den passenden Blumen, Bäumen und Sträuchern, Scenen und Kunstgegenständen zu zieren, einen Wintergarten einzurichten, zu ordnen und zu unterhalten. Nach eigenen Ideen und vieljähriger Erfahrung. gr. 8. Mit sechs Kupfertafeln. Sauber geheftet   2 Thlr.
Scheibler, Sophie Wilhelmine, Allgemeines deutsches Kochbuch für bürgerliche Haushaltungen oder gründliche Anweisung, wie man ohne Vorkenntnisse alle Arten Speisen und Backwerk auf die wohlfeilste und schmackhafteste

Art zubereiten kann. Ein unentbehrliches Handbuch für angehende Hausmütter, Haushälterinnen und Köchinnen. 8. Achte durchaus verbesserte und vermehrte Auflage. Mit einem neuen Titelkupfer. 1 Thlr.

Scheibler, S. W., Desselben, Zweiter, neu hinzugekommener, Theil. 8. Zweite verbesserte und vermehrte Auflage. Mit Titelkupfer und 2 erläuternden Kupfertafeln. 20 Sgr.

— — Vollständigstes Küchen-Zettel-Buch auf alle Tage des Jahres für Mittag und Abend mit Berücksichtigung der Jahreszeiten. 16. Geheftet 15 Sgr.

Singstock, G. E., (vormals Küchenmeister des Hochseligen Prinzen Heinrich von Preußen, Königl. Hoheit), Neuestes vollständigstes Handbuch der feinen Kochkunst, oder faßliche Anleitung zur schmackhaftesten Zubereitung aller Arten von Speisen nach deutschem, französischem und englischem Geschmacke, so wie der Fastenspeisen und Backwerke, nebst einer Anweisung zum Einmachen und Aufbewahren der Früchte, zur Anfertigung des Gefrornen, der Gelees, der Syrupe, der Getränke und der Essige; verbunden mit einigen Regeln zum Trocknen und Einpökeln des Fleisches, so wie zum Mästen des Geflügels, auch den zur Anordnung der Tafel. Auf 30jährige eigene Erfahrung gegründet, und mit 2391 Vorschriften belegt. Mit einer Vorrede begleitet vom Geheimen Rath Hermbstädt. Zweite durchgesehene, verb. und verm. Auflage. Drei Theile. gr. 8. Mit 2 Kupfertafeln. Complet 2 Thlr.

System der Garten-Nelke, gestützt auf das allgemein geltende Weismantelsche Nelken-System; nebst einer, angehenden Blumenfreunden gewidmeten, Anleitung zur Erziehung, Wartung und Pflege der Nelke, und einem Anhange über die Kultur einiger andern Lieblingsblumen. Mit einer nach der Natur gemalten Nelkentabelle. gr. 8. Geheftet 22½ Sgr.

Wredow, J. C. L., Der Gartenfreund oder vollständiger, auf Theorie und Erfahrung gegründeter Unterricht über die Behandlung des Bodens und Erziehung der Gewächse im Küchen-, Obst- und Blumengarten, in Verbindung mit dem Zimmer- und Fenstergarten. Nebst einem Anhang über den Hopfenbau. Vierte Auflage. 45 compresse Bogen in gr. 8. auf weißem Druckpapier. Mit einem allegorischen Titelkupfer Geh. 2 Thlr.

Zeitfracht Medien GmbH
Ferdinand-Jühlke-Straße 7
99095 Erfurt, Deutschland
produktsicherheit@kolibri360.de